JN095263

Q&A 実務家のための YouTube 法務の手引き

河瀬 季 著

日本加除出版株式会社

は し が き

　私は，弁護士として，ITやインターネット関連の法律問題，特に
いわゆる「企業法務」，つまり企業をクライアントとして，その事業
の法務サポートや，事業の中で発生する紛争の解決を手がけてきた経
緯で，YouTuberやVTuberの方からも，依頼を頂くようになりました。

　「YouTuber」や「VTuber」をどのように位置付けるか，というの
は，複数の「視点」があり得るテーマだと思います。

　よくマスコミ等で言われるように，「YouTuber」や「VTuber」は，
10年前には存在しなかった，「新しい職業」です。ただ，そのビジネ
スモデルを分析すると，異なる「視点」もあります。YouTuberや
VTuberは，「動画」という形でコンテンツを日々発信し，そのこと
によって広告収益等の形で収益を得る存在です。そして，それが「コ
ンテンツ」であるが故に，「どのような内容のコンテンツを公開する
と法的問題が発生するのか」といった法律問題が発生します。また，
「序章」にて後述しますが，YouTuberやVTuberは，いわゆる「企業
案件」といった形で，特定の企業から報酬を受け，それに対応する役
務を提供することがあります。そして，その関係が「契約」であるが
故に，「どのような条件等で契約を行うか」といった法律問題も発生
します。

　そのように抽象的に捉えた場合，YouTuberやVTuberは，10年以
上前から存在し続けている，「インターネット上でコンテンツ配信等
によって収益を得る事業主」の「現在形」である，とも言い得ます。
すなわち，10年以上前から現在に至るまで，日々「テキストや画像」
といった形でコンテンツを公開し，同様の形で収益を得ている，例え
ば「ニュースサイト運営者」といった事業体は，存在し続けています。
インターネット回線の高速化などに伴い，その「コンテンツ」が，テ
キストや画像から「動画」に変わってきたが故に登場した存在が，

YouTuberやVTuberである，ということです。

　当事務所は，主にこうした観点に基づき，従前からニュースサイト運営者であるIT企業の法務サポート等を行ってきた法律事務所として，YouTuberやVTuberの法務サポートも，「自然」な形で，行うようになりました。

　もちろん，YouTuberやVTuberには，そうした従前のインターネット上のビジネスと比べた場合に，共通点もあれば，相違点もあります。ただ，そうした点をきちんと理解すれば，YouTuberやVTuberは，決して「法律や弁護士から遠い世界の存在」ではなく，むしろ，法律の下で，時には弁護士のサポートを受けながら，運営されるべき存在であるといえるのです。正に，ニュースサイト運営を行うIT企業がそうであるように，ということです。

　そして，YouTuberやVTuberと，従前のインターネット上のビジネスとの「相違点」の中には，重要なものが一つあります。いかなる意味でも，最初は「個人の趣味」として始めることができるという点です。「トップYouTuber」を目指す方は，全国に幅広く存在します。

　本書が，そうした方や，そのサポートを行う方にとっての助力となることを祈っています。

　令和4年9月

　　　　　　　　　　　　　　　　　河　瀬　　　季

凡　例

1　法令等の略記について

景品表示法	不当景品類及び不当表示防止法
小型無人機等飛行禁止法	重要施設の周辺地域の上空における小型無人機等の飛行の禁止に関する法律
個人情報保護法	個人情報の保護に関する法律
著	著作権法
不正競争	不正競争防止法
プロバイダ責任制限法	特定電気通信役務提供者の損害賠償責任の制限及び発信者情報の開示に関する法律
民訴	民事訴訟法
薬機法	医薬品，医療機器等の品質，有効性及び安全性の確保等に関する法律

※本書では，一般社団法人，株式会社等を省略し，表記していることがあります。

2　判例・出典略記について

最二小判昭和31年7月20日民集10巻8号1059頁

→　最高裁判所第二小法廷昭和31年7月20日判決最高裁判所民事判例集10巻8号1059頁

民集	最高裁判所民事判例集
判時	判例時報
判タ	判例タイムズ
Westlaw	法律情報データベース

〔その他〕

⑴　Google及びYouTubeはGoogle LLCの商標であり，この本はGoogleによって承認されたり，Googleと提携したりするものではありません。

⑵　本書のQ&Aと解説はYouTubeの動画を主としたものとなっていますが，起こり得る法的問題は生放送・他のプラットホームにも共通することがあります。状況に合わせて，適宜お読み替えください。

⑶　YouTubeの利用規約やポリシーは変更，更新されることがあるため，詳細はYouTubeのサイトをご参照ください。

目　次

序　章

第 1 章　YouTubeのルール

言葉や表現を使うことがありますが，下品な表現に当たると判断されたら，どうなるのでしょうか。

第 **2** 章　配信内容の問題

第 **3** 章　運営上起こり得る問題

第 **4** 章　契約・企業に関する問題

第**5**章　契約書・ひな形

序　章

1 YouTuberという職業

　YouTuberやVTuberが「職業」,「事業」であるということについて, 具体的なイメージを持つことが難しい, という方も多いと思われます。確かにトップの層は「高所得者」になれても, ほぼ全ての人にとってYouTuberやVTuberは「趣味」以上のものではなく, また, トップの層も「豊かな個人事業主」にすぎないのではないか, といったイメージの問題です。

　YouTuberやVTuberにとって, その活動を「職業」にすることには, 一定のハードルがあります。ただ, そのハードルは, おそらく想像するよりも低く, 例えば今この瞬間はまだ「趣味」として活動を行っているYouTuberやVTuberが, 半年後にそれを「職業」にしている可能性は, 十分にあります。具体的な数字で, 以下, 説明を行います。

2 YouTubeで収益を得る構造

　YouTubeには, 自分が投稿した動画のリストをまとめる「チャンネル」というものがあり, 誰でも自由に無料でYouTube内に「チャンネル」を作成することができ, その中に動画をアップロードし, 公開する, といった形になっています。

　このチャンネルを自分のGoogleアカウントにログインした状態で登録しておくことをチャンネル登録といいますが, 新しい動画が公開された場合にその動画を見たいと思った視聴者は, その「チャンネル」を「登録」という形で視聴することができます。詳細はQ17で後述しますが, 原則的にその登録者が1000人を超えると, 「収益化」が認められ, 動画内には自動で広告が配信されるようになります。そして, 当該チャンネルを運営するYouTuberやVTuberは, 「広告収入」を得ることができるようになります。

　「広告収入」の計算方法は, 基本的にブラックボックスです。YouTube運営者が自動で当該動画にマッチした広告動画を流し, その広告動画の配信から収益を得て, 収益の一部をチャンネル運営者であるYouTuberやVTuberに分配するのですが, その具体的な計算式は公開されていません。

　ただ，一般的に，動画が1回再生されることによる広告収入は，0.05〜0.1円，チャンネル登録者数が増えるに従って単価がアップし，トップYouTuberの場合は1回あたり0.25〜0.3円程度だといわれています。

　現在，国内で，登録者数が100万人を超えるチャンネルは約500個，20万人を超えるチャンネルは約3500個存在します。

　そして，これはチャンネルの性質によって幅が大きいのですが，平均的には，あるチャンネル内で1個の動画が新たに公開された場合，その動画は，チャンネル登録者数の半分〜1倍程度は，再生されます。その数は「チャンネル登録を行っている人による再生数」と，「まだチャンネル登録を行っておらず，キーワード検索等の手段で当該動画を発見する人による再生数」の合計です。20万人が登録しているチャンネルの動画であれば，10〜20万回程度は再生され，その広告収入は，上記より計算すると，5000円から2万円程度になる，ということです。したがって，1か月に20本，新しい動画を公開すれば，月収は20〜30万円程度になるケースが多いといえます。一人の人間が生活できる，「職業」ともいえる金額でしょう。

　なお，広告収入の，例えば「0.05〜0.1円」といった幅の意味ですが，これは「当該動画を見ている人に広告を流すことの収益性」といった問題によるものです。例えば，同じように1万人が見ている動画であっても，小学生1万人が見ている動画の場合，そもそも小学生に何を宣伝するのか，という問題があり，広告収入は相対的に低くなりますし，「美容に興味のある20代女性1万人が見ている動画」のように，広告主の観点から見てセグメントが切れている動画の場合，広告収入は相対的に大きくなります。

　つまり，少なくとも，上記のような意味で「セグメント」を意識しているようなチャンネルの場合，チャンネル登録者数が20万人になれば，毎日動画を投稿することで，広告収入は60万円程度となります。これは，「職業」と呼ぶには十分な金額でしょう。そして，その程度のチャンネル登録者数を確保しているチャンネルは，既に約3500個存在する，ということです。

3 企業案件

(1) 商品の宣伝

また，チャンネル登録者数が増えてくると，いわゆる「企業案件」の依頼がくるようになります。これは，特定の企業等が，特定のYouTuberやVTuberに対して，自社商品などの宣伝を依頼する，というものです。例えば，美容に興味のある20代女性に対して美容関連の動画を配信している，いわゆる美容系のYouTuberに対して，化粧品やサプリメントを販売している会社が，自社商品の宣伝を依頼する，グルメ系の動画を配信しているYouTuberに対して，飲食店が自分の店のレビュー動画の配信を依頼する，といった形です。

企業側の目線からすれば，「動画が10万回再生される」ということの宣伝効果は，なかなか高いものといえます。例えば美容系を例にしますが，美容系YouTuberに自社商品を宣伝してもらい，その動画が10万回再生されるということは，美容に関心のある人10万人に，自社商品に関する情報が伝わるということです。

例えば現在，毎月10万部発行されている女性向け雑誌は何種類あるのか。その雑誌に広告を掲載したとして，購入者の何割がそのページを読んでくれるのか。また，読んでくれるとしても，何分間読んでくれるのか……ということを考えていただければ，「動画が10万回再生される」ということの宣伝効果の高さは，明確だと思います。

YouTubeの場合，動画の再生数は公開されていますし，その数は，間違いなく当該動画が閲覧された回数です。

「10万回再生される動画で自社商品を宣伝してもらうための費用」は，企業側の目線からすれば，「10万部が発行されている雑誌で自社商品を宣伝してもらうための費用」と比較されるべきものとなり，相応の金額となります。

こうした「宣伝効果」の高さは，企業側もYouTuber側も，既に十分に理解している事柄であり，美容系など，広告媒体としての価値が高いチャンネルの場合，チャンネル登録者数10万人程度であっても，「企業案件」の報酬は50〜100万円を超えることもあります。

　YouTuber側の目線からすれば，そうした「企業案件」を，例えば１か月に１回受けることができれば，それだけで年間500〜1000万円といった金額の報酬を得ることができる，ということになり，広告収入と合わせれば，年間売上は1000〜1500万円といった金額になります。「個人事業主」として，十分な金額でしょう。

　そして，YouTubeは，ゼロから始めても，何かのキッカケで，チャンネル登録者数が一気に増える可能性のあるメディアです。今日最初の動画をアップロードしたYouTuberが，数か月後にチャンネル登録者数10万人，半年後に20万人となる可能性は，十分にあり得ます。もちろん，「全員がそうなるわけではない」，「趣味のまま終わってしまう人の方が多い」という世界ではありますが，「チャンス」や「可能性」は十分にある，ということです。

　今この瞬間はまだ「趣味」でしかないYouTuberやVTuberも，僅かな期間の経過後に，それを「職業」にしている可能性は，十分にあるのです。

　また，先ほど，登録者数が100万人を超えるチャンネルは約500個存在すると述べました。この場合，同様の計算式，及び，動画再生数１回あたりの広告収入を，（まだこの規模では「トップ」とまではいえないとして）0.2円とすれば，１動画当たりの広告収益は，10〜20万円，つまり，１か月に20本，新しい動画を公開すれば，月収は200〜400万円程度です。そして，こうした規模のYouTuberやVTuberであれば，「企業案件」の単価は数百万円となっているケースが多いことから，企業案件の報酬を合わせた年間売上は，5000万円〜１億円程度になっているケースも少なくありません。

　そして，そのような売上が発生しているチャンネルの場合，「個人の趣味」はもちろん，もはや「個人事業」の規模も超えています。したがって，法人化や，動画編集等，出演以外の業務を担当する従業員の雇用も行われているケースが大半です。つまり，視聴者目線では相変わらず「個人として活動しているYouTuber」であっても，その運営主体は法人化されており，例えば，動画の企画を考えるメンバー，編集を行うメンバー，企業案件の打診に対応するメンバーなどが存在し，形式的にも実態的にも，「事業」となっているケースが多いのです。

(2) 企業との共同事業

そうした規模のYouTuberやVTuberの場合，グッズ化などの共同事業といった話も，珍しくなくなります。YouTuberのイラストが掲載されたキーホルダーやTシャツなどのグッズを，第三者企業と提携して販売する，美容系YouTuberがプロデュースするサプリメントを第三者企業と共同開発して販売する，といった形です。そして，その売上は一定のロジックで分配されることになり，もはや，一般的なネット系企業等と同じような「ビジネス」を行っている，といえます。

(3) チャンネルの売買

また，「属人性」の低いチャンネルの場合，その売買も，ある程度行われています。ある個人が個人として，自分の名前や顔を公開して運営しているチャンネルの場合，売却してその人が出演しなくなるとファンが離れてしまいますが，例えば，「企業が特定の声優をプロデュースして運営しているVTuberチャンネル」，「運営主体が脚本などを作成して運営されているアニメ系YouTubeチャンネル」といったように，運営主体が変わってもチャンネル登録者がそのことに気付きにくい，その意味で「属人性」が低いチャンネルの場合，当該チャンネルは，例えば「売上5000万円，営業利益2000万円」といった「事業」であり，その営業利益の数年分，例えば5000万円といった金額で売買されるケースもあります。その規模のチャンネル売買は，もはや「スモールM&A」と呼ぶべきものでしょう。

(4) まとめ

そうしたポジションに到達するYouTuberは，もちろん，全体の中でいえば，「一部」です。ただ，前述のとおり，登録者数が100万人を超えるチャンネルは，既に約500個存在します。まだ「趣味」としてYouTube活動を行っている方が，そのポジションに到達する可能性は，決して「ゼロに近い」わけではないのです。

YouTuberやVTuberは，こうした意味で，純粋な「趣味」ではありません。今はまだ「趣味」だとしても，いずれ「職業」や「事業」になり得る，そうなった場合に備えて最初から権利処理等をきちんと行っておくべき，スタートアップ企業に近い存在なのです。

第 **1** 章

YouTubeのルール

1　利用規約のポイント

キーワード

#利用規約　#コミュニティガイドライン　#ポリシー
#ユーザーエンゲージメント

▶**Q**　YouTubeの投稿に際して①利用規約以外にも気を付ける
ルールが存在するのでしょうか。②「法律的に違法ではない」
としても利用規約等には違反してしまうということがあるかもしれませ
ん。そういう場合には，どのようなことになるのでしょうか。

▶**A**　①コミュニティガイドライン・各種ポリシー等も利用規約と併せ
て守る必要があります。②利用規約及びそれと一体となったコミュ
ニティガイドラインや各種ポリシーに違反してしまうと，動画を削除されて
しまう可能性があります。

解　説

YouTubeでは以下の「規約」が定められています。

- 利用規約
- コミュニティガイドライン
- 各種ポリシー等

また，広告主又はスポンサーになる場合や，コンテンツに有料プロモー
ションを組み込む場合には，広告主向けの広告ポリシーも含まれることにな
ります。

1　3つの規約

　少し分かりにくいのですが，YouTubeの特徴は，YouTubeに動画を投稿するYouTuber等が守るべき規約が，上記のように3つ存在する，という点です。そして，適用される規約のうち，利用規約は抽象的なものであり，それを具体的にしたのがコミュニティガイドラインと各種ポリシー等である，ということができます。

　「法律的には違法ではない」としても，利用規約及び利用規約と一体となったコミュニティガイドラインと各種ポリシーに違反してしまうと動画を削除されてしまうので，投稿する場合には，それぞれに気を付ける必要があります。

2　利用規約

⑴　YouTubeの利用者

　規約によれば，YouTubeを利用するには，13歳以上である必要があります。ただし，親又は保護者によって有効にされていれば，あらゆる年齢で，YouTube及びYouTube Kids™動画サービスの利用が可能です。

　ユーザーの親又は保護者は，子どもがYouTubeを利用することを許可することにより，契約の規定対象となり，YouTubeでの子どもの行為について責任を負うことになります。

⑵　YouTubeの利用

　規約によれば，コンテンツの閲覧や検索など，サービスの一部はGoogleアカウントがなくても利用できますが，Googleアカウントがあれば，動画を評価したり，チャンネル登録したり，自分のYouTubeチャンネルを作成したりすることができます。

　ユーザーは契約及び適用される法律を遵守する限り，YouTubeにアクセスして利用できますが，10項目の禁止事項が定められています。一般的なものもありますが，以下に抜き出した事項には，特に注意が必要です。

⑤　ユーザーの意向を無視した宣伝または営利目的のコンテンツを配信したり，一方的な勧誘や大量の勧誘を行ったりするために本サービスを使用すること。

⑥　本来のユーザーエンゲージメントの測定結果を歪めること，またはそのように仕向けること。たとえば，ユーザーに金銭を支払ったりインセンティブを与えたりして，動画の視聴回数，高評価数，低評価数を増やす，チャンネル登録者を増やす，またはその他なんらかの方法で指標を操作することなどが含まれます。

⑦　報告，フラグ立て，申し立て，異議申し立て，または再審査請求のプロセスを不正使用すること。これには，根拠のない，濫用的な，または嫌がらせ的な申請なども含まれます。

⑨　本サービスを個人的，非営利的な用途以外でコンテンツを視聴するために利用すること（たとえば，不特定または多数の人のために，本サービスの動画を上映したり，音楽をストリーミングしたりすることはできません）。

⑩　本サービスを利用して，(a)広告主向けの広告ポリシーで許可されているもの（準拠したプロダクト　プレースメントなど）を除き，本サービスまたはコンテンツ上，その周囲，もしくはその内部でなんらかの広告，スポンサーシップ，プロモーションを販売すること，または(b)以下のいずれかに該当する広告，スポンサーシップもしくはプロモーションを販売すること。(i)本サービスからの取得したコンテンツのみで構成されたウェブサイトまたはアプリケーションのページに掲載される広告，スポンサーシップもしくはプロモーションの販売，もしくは(ii)本サービスからのコンテンツを主な根拠とする広告，スポンサーシップ，もしくはプロモーションの販売（たとえばYouTube動画がユーザー集客の目玉であるウェブページなどに掲載される広告を販売すること）。

　特に気を付けなければいけないのは，⑥の「本来のユーザーエンゲージメントの測定結果を歪める」ことの禁止といえます。YouTubeは，チャンネル開設初期には，なかなかチャンネル登録者が増えずに苦戦することの多いプラットフォームです。チャンネル登録者を増やすためにインセンティブを与えることは，他のSNS等では禁止されていないケースもありますが，YouTubeの場合には，上記のように明確に禁止されているので，注意が必

要です。

(3) ユーザーのコンテンツと行動

チャンネルを持っていれば，YouTubeにコンテンツを投稿でき，自分の
コンテンツを活用してビジネスや活動を宣伝できます。その際，ユーザーは
自身のコンテンツに対する所有権を保持しますが，コンテンツを提供するこ
とにより，YouTubeに対して，当該コンテンツを使用（複製，配信，派生物の
作成，展示及び上演を含みます）するための世界的，非独占的，サブライセンス
及び譲渡可能な無償ライセンスを付与することとなります。

また，他の各ユーザーに対して，YouTubeを通じてコンテンツにアクセ
スし，（動画の再生や埋め込みなどの）YouTubeの機能によってのみ可能な方法
で，複製，配信，派生的著作物の作成，展示，上演などの形でコンテンツを
使用する世界的，非独占的な無償ライセンスを付与することともなります。

さらに，ユーザーは，コンテンツの収益化に関する権利をYouTubeに与
えることとなります（収益化には，コンテンツ上やコンテンツ内で広告を表示するこ
と，あるいはアクセスの手数料をユーザーに請求することが含まれます）。

(4) アカウントの停止と解除

ユーザーはいつでもYouTubeの利用を停止することができます。Google
アカウントから本サービスを削除することによりYouTubeチャンネルが閉
鎖され，データも削除されます。

一方，YouTube側は，以下の場合には，ユーザーもしくはユーザーの
Googleアカウントによる全部若しくは一部へのアクセス，及び，ユーザーの
Googleアカウントを停止又は解除できるものとされています。

- 違反が深刻である，または繰り返される場合
- 法的義務または裁判所の命令に従うために必要である場合
- 他のユーザー，第三者，YouTube，YouTubeの関係会社のいずれか
  に不利益または害を与える（またはその可能性がある）行為が行われてい
  るとYouTubeが判断する場合

このYouTubeによる解除又は停止が行われる場合，YouTubeからはその
理由とともに通知が行われます。ただし，通知を行うことにより，以下の場

合には除かれます。

> ・法律もしくは司法当局の指示に違反する，またはYouTubeもしくは
> その関係会社が法的責任を果たせなくなる
> ・問題の調査に障害となる，又は，本サービスのインテグリティもしく
> はオペレーションに支障が生じる
> ・ユーザー，第三者，YouTube，アフィリエイトのいずれかに損害を
> 及ぼすと合理的に判断される

3　コミュニティガイドライン（年齢制限のあるコンテンツ）

　YouTubeでは，「年齢制限のあるコンテンツ」が示されています。

　YouTubeのポリシーに違反していなくても，18歳未満の視聴者にふさわ
しいとはいえないコンテンツもあります。そのような動画には年齢制限が設
定されています。このポリシーは，動画，動画の説明，カスタムサムネイル，
ライブ配信などのYouTubeのサービスや機能に適用されます。

(1)　年齢制限が設定されるテーマ

　以下のテーマを1つ以上含むコンテンツには，年齢制限が設定される場合
があります。

> ①　子どもの安全
> ・爆発物の取り扱いや，怪我につながるチャレンジなど，未成年者が簡単
> に真似できる可能性のある危険なアクティビティに成人が参加している
> 内容を含む動画
> ・成人向けであるが，家族向けと間違えやすい動画
> ②　有害または危険なアクティビティ（規制されている薬物やドラッグなどを
> 含む）
> ・フェイクでもあまりにリアルで視聴者には見分けがつかない有害ないた
> ずら動画
> ・マリファナ薬局を宣伝する動画
> ③　性的内容を示唆するコンテンツ
> ・挑発的なダンスや愛撫などの，性的な活動を誘発する動画

- 登場人物が視聴者の性的興奮を引き起こすことを意図したポーズをとっている動画
- 登場人物が公共の場で一般的にふさわしくない服装（下着姿など）をしている動画
④　暴力的で生々しいコンテンツ
- 交通事故の生存者のけがを写したコンテンツを含む動画
- 映像またはビデオゲームの中で最も刺激の強い暴力シーンのみが強調されているなど，暴力や残虐行為の画像を中心とする動画
⑤　下品な言葉
- タイトル，サムネイル，関連付けられたメタデータに非常に冒とく的な表現を含む動画
- 動画集や文脈を無視して抜き出したクリップなど，冒とく的な表現の使用に焦点を当てた動画

(2)　コンテンツに年齢制限が設定されている場合

　18歳未満の視聴者やログアウトしている視聴者は，年齢制限が設定された動画を視聴できません。また，多くのサードパーティのウェブサイトでも年齢制限が設定された動画を視聴できません。埋め込まれたプレーヤーなど，別のウェブサイトで年齢制限が設定された動画をクリックすると，YouTubeやYouTube Musicにリダイレクトされ，その後，18歳以上がログインした場合にのみ，コンテンツを視聴できます。つまり，このプロセスにより，コンテンツがどこにあったとしても，YouTubeがホストする動画は適切な視聴者しか視聴できないようになっています。なお，YouTube側に誤りがあると思われる場合は，年齢制限の再審査請求を行うことができます。

(3)　年齢制限と収益化

　年齢制限が設定された動画であっても，広告によって収益化することは可能となっています。ただし，多くの広告主はファミリー向けコンテンツや上記のテーマを含まないコンテンツに広告を掲載することを好むので，年齢制限が設定された動画では，広告による収益化が制限されるか，一切行われなくなる可能性があります。注意して避けるのが賢明といえます。

用語解説

Q < エンゲージメント

　視聴回数，高評価数，コメント数，その他の統計数などの指標です。広告収入額などに，影響します。YouTubeでは，「チャンネルホームページ」，「アカウントの切り替えメニュー」，「動画再生ページ」，「YouTube Data APIを使用するサードパーティサイトとアプリ」に表示されるチャンネル登録者数は，リアルタイムで更新されます。

Q < サードパーティ

　オリジナルメーカーが開発したソフトウェアなどに対応するソフトウェアを販売・提供するメーカーのことです。YouTube，サードパーティのツールやサービスを利用して字幕や翻訳のニーズに対応することができます。ただし，サードパーティのツールやサービスには独自の利用規約が適用されるので，よく確認する必要があります。

2　YouTubeでのプライバシー侵害に該当する動画の法的責任

Q キーワード

#プライバシー　#プライバシー侵害　#広告掲載に適さないコンテンツ

> ▶Q　YouTubeでは，様々なジャンルの動画が投稿されていますが，他人のプライバシーに関係する動画が投稿されることもあります。こうした動画は，①YouTubeでは，どのように取り扱われますか。②法的には，どのような問題が生じるでしょうか。

| ◀ Ⅱ ▶ 🔊 | 📑 ⚙ ◱ ▭ ⛶ |

▶**A**　①YouTubeは，プライバシー侵害の動画について，法律よりも広い範囲を規制する可能性を示しており，動画を削除する基準が公表されています。プライバシー侵害であるとされれば，動画は削除されます。②プライバシーを侵害されたと主張する人から，プライバシー侵害を理由として，不法行為に基づく損害賠償を請求される可能性があります。

解　説

　プライバシーとは，私生活上の事柄をみだりに公開されない法的な保障と権利のことをいいます。他人のプライバシーは普段あまり公開されることがないので，プライバシーに関する動画は再生数が伸びるケースもありますが，様々な問題が生じることとなります。

1　YouTubeのプライバシーガイドライン

　YouTubeでは，プライバシー侵害の動画については，厳しく対応する方針をとっており，「YouTubeプライバシーガイドライン」では，「お住まいの国の法律では問題がない動画でも，YouTubeのプライバシーガイドラインには違反する可能性があります」と，プライバシー侵害の動画について，法律よりも広い範囲を規制する可能性を示しており，YouTubeがプライバシー侵害として動画を削除する基準が公表されています。

　また，「コンテンツが削除の対象として考慮されるためには，そのコンテンツによって個人をはっきりと特定できる必要があります。さらに，その当事者もしくは法定代理人から提出された申し立てにおいて，顔写真，音声，フルネーム，政府発行の個人番号，銀行口座番号，連絡先情報（例：自宅の住所，メールアドレス）など，個人を一意に特定できるコンテンツは削除の対象となります。また，プライバシー違反として削除の判断をする際には，公共性や報道価値なども考慮されます。YouTubeは，プライバシー・ガイドラインの違反が発生したかどうかの最終決定を行う権利を有します」とあります。「一意に特定できる」とは，「他人が個人を特定するのに十分な情報が動画に含まれていることを意味します。単に動画に写っている個人が確認でき

るだけでは，一意に特定できるとはみなされませんので注意してください。例えば，下の名前だけで他の情報が含まれない場合や，チラッと映っているだけでは，一意に特定できるとは言えません」とあります。また，「プライバシー違反として削除の判断をする際には，公共性や報道価値なども考慮されます」ともありますが，これらは，一般的なプライバシー侵害，肖像権侵害の基準と矛盾がありません。

　例えば，ある投稿者が，有名人である田中太郎とモデルの山田花子が不倫しているという内容の動画をYouTubeに投稿したという場合を考えてみます。この場合，YouTubeプライバシーガイドラインの「個人を一意に特定できるコンテンツ」に該当することから，削除の対象になると考えられます。ただ，削除をするかどうかについては，「公共性や報道価値なども考慮」するとあるので，動画の内容が有名人等に関するものであり，公共性や報道価値があるものとYouTubeに判断されれば，削除されない可能性もあります。しかし，動画が削除されるか否かは最終的にYouTubeの判断となりますので，個人を一意に特定できるコンテンツについては，YouTubeの判断で削除される可能性があると考えておくことが無難でしょう。

2　プライバシーに関わる動画の収益化

　プライバシーを侵害する動画については，削除されてしまうので，収益化できず問題は生じません。ただ，他人のプライバシーに関わる内容ではあるものの，個人のプライバシーを侵害しているとまではいえない動画というものがあり得ます。

　YouTubeで収益を得る方法としては，広告収入，チャンネルメンバーシップ，グッズの販売，スーパーチャットとSuper Stickers及びYouTube Premiumの収益などの方法が考えられますが，プライバシーに関する動画との関係では，広告収入との関係が最も問題となります。

　YouTubeの「広告掲載に適したコンテンツのガイドライン」には，広告掲載に適さないコンテンツが示されていますが，その中に，以下のコンテンツ等が含まれています。

- 不適切な表現
- 暴　力
- アダルトコンテンツ
- 有害または危険な行為
- 差別的または中傷的なコンテンツ
- 物議を醸す問題
- デリケートな事象
- 扇動的・侮辱的なコンテンツ

　上記コンテンツの中で，プライバシーに関する動画との関係で問題となるのは，「扇動的・侮辱的なコンテンツ」であると考えられます。この具体的な例としては，「個人やグループを辱める，侮辱することに焦点を当てたコンテンツ」や「個人を名指しで罵る，中傷するコンテンツ」，「悲劇的な出来事が実際には起きていないと示唆したり，犠牲者やその家族は実は俳優である，または出来事の隠蔽に加担しているとほのめかしたりするコンテンツ」又は「個人に対する悪意のある攻撃，中傷，名誉毀損」などが該当します。

　個人のプライバシーに関する動画を投稿する場合には，特定の個人を侮辱したり，中傷したりする行為が伴うこともあるので，動画の収益化を図るためには，個人のプライバシーを侵害しないように気を付けるとともに，個人のプライバシーを侵害するというには至らない場合でも，上記で掲げられているコンテンツに該当しないように注意をする必要があるといえます。

3　プライバシー侵害動画

⑴　公開の承諾

　プライベートな場所でスマートフォン等によってビデオ撮影をし，そこにいた友人知人間で共有することは広く行われています。こうした場合，明確に撮影を拒否しているのでなければ，撮影に関しては，黙示の承諾があるとみなしていいでしょう。肖像権侵害が起こるのは被写体の承諾がないからであり，権利者である被写体が撮影や公開について許可している場合には，肖

像権侵害にはなりません。ただ，撮影と公開については別個の承諾が必要になるので，撮影の承諾があるとしても，公開の承諾がない限り，例えば結婚式の2次会の動画をYouTubeに公開したら，肖像権侵害にならない場合でも，プライバシー侵害になる可能性があります。

　世界的に著名なプロサッカー選手と有名女優とが，会員制クラブ内で親しい友人以外の入場をシャットアウトした貸切パーティーという状況の下で，クラブ経営者によって撮影された写真を週刊誌が掲載したことが問題となったケースがあります。

　プロサッカー選手と有名女優は，キスをしている様子を撮影されていることは黙認していたが，それを公開することまでは許容していなかったとして，週刊誌を肖像権侵害及びプライバシー侵害で訴えました。裁判所は，公表された内容が，「私生活上の事実又は私生活上の事実らしく受け取られるおそれのある事柄であって」，「一般人の感受性を基準として他人への公開を欲しない事柄であり」，「これが一般にいまだ知られておらず」，「その公表によって被害者が不快，不安の念を覚えるものであるときは，プライバシーを侵害する行為となるというべきである」として，プライバシー侵害に該当すると認めました。ただし，"同選手が世界的に有名であること"，"記事掲載当時，当該記事とほぼ同内容の写真や記事が別の雑誌にも掲載されて紛争になっていたこと"，"記事はこの争いを伝えるという専ら公益を図るものであったこと"などを理由に，結論としては，肖像権侵害，プライバシー侵害のいずれも認めませんでした（東京高判平成17年5月18日判時1907号50頁）。

　この事件は写真と週刊誌の問題ですが，動画とYouTubeであっても同じであると考えられます。このケースでは，対象者が著名人であり，また公共性及び公益性が認められる記事とともに掲載されたために，肖像権侵害，プライバシー侵害のいずれも認められなかったわけですが，一般人の場合であれば，プライバシー侵害を理由とする不法行為に基づく損害賠償が認められたでしょう。また，結婚式の2次会等に公共性及び公益性が認められることは可能性としてはかなり低いので，肖像権及びプライバシー権の侵害となる可能性が高いといえます。お祝いの席とはいえ，迷惑をかける可能性が考えられない状況でも，個人が特定できる内容であれば投稿の許可を得る，若し

くは顔にモザイクを入れる等の対応をしておくのがよいでしょう。

(2)　乗り物の撮影や投稿

　飛んでいる飛行機や走っている電車や自動車，バスを撮影し，YouTube
に投稿しても，問題ありません。ただ，自動車やバスなどの場合には乗客を
アップで撮影するようなことがあったら，肖像権やプライバシー権が問題と
なる可能性があります。乗り物の運転者や所有者は，その乗り物の撮影や投
稿を禁止できません。なぜなら物に対する「所有権」，「占有権」には，対象
物の撮影や公開を禁止する権利までは含まれていないからです。だから，乗
り物の写真を公道上のような公の場から撮影して投稿してもかまいませんが，
車のナンバーにはモザイクを入れておきましょう。そういった編集を行わな
いと運転者や乗客の肖像権やプライバシー権を侵害する可能性があります。
「その時そこにいた」，「誰と一緒にいた」という情報は，プライバシーに関
するものといえます。

(3)　迷惑行為の撮影や投稿

　また，「あおり行為」や「幅寄せ」といった迷惑行為を繰り返す車や言い
がかりをつけてきた運転手の様子などを，ドライブレコーダで録画した画像
を，YouTubeに投稿することが一部で行われ，再生数を稼いでいます。走っ
ている車を撮影しても，問題はありませんし，動画が自動車の前後を一定時
間撮影した上で，上書きされていくものであること，そして，特定人を殊更
に追いかけて撮影するものでなければ，行為自体が違法とされることは考え
にくいでしょう。しかし，承諾なく公表する行為については，検討する必要
があります。ドライブレコーダで撮影された人物が，悪質な行為を行うよう
な人物であるとの事実を摘示することになるので，その人の社会的評価を低
下させることになり，名誉毀損行為となる可能性もあります。もっとも，他
人の犯罪に関する事実を明らかにすることは，公共の利害に関するものとい
えますし，その人がどのような行為を行ったのかということを映像で明らか
にしていることからしても，その映像が意図的に編集されたようなものでな
い限りは，その映像自体は，真実を明らかにしたものといえます。ただ，犯
罪を告発するつもりの自分の行為が犯罪になってしまっては元も子もないの
で，車のナンバーや運転手の顔にはモザイクを入れておく方がよいでしょう。

プライバシーの侵害の典型例

　プライバシーの侵害は，法律上に明確な根拠条文がなく，裁判の蓄積によって認められてきました。現在までに判例で認められているプライバシーの侵害の典型例には，以下のもの等があります。

　　前科・前歴，出自，病気・病歴，指紋，身体的特徴，日常生活・行動，
　　氏名・住所・電話番号，家庭内の私事

あおり運転

　2020年6月30日に施行された改正道路交通法では，「あおり運転」を取り締まる「妨害運転罪」が創設されました。これにより，違反1回で免許取消処分となり，最長5年の懲役刑や罰金など厳しい罰則が科されます。

 3　チャンネル登録者に対するプレゼント企画と法律・YouTube規約

🔍 キーワード

#景品表示法　#景品類　#不当表示　#虚偽のエンゲージメントに関するポリシー

▶**Q**　企画投稿をリツイートしてもらう等，内容を拡散してくれた人に対し「プレゼント懸賞に応募」ができるという企画を考えたのですが，①このような企画は法律上，問題があるのでしょうか。②法律上，問題がない場合でも，YouTube規約上では，問題があるのでしょうか。

▶A　①ほとんどの場合，景品表示法の適用はないため，法律上の問題は生じません。しかし例外的に，景品表示法の適用を受ける可能性があります。このような場合でも，景品表示法に違反していなければ，問題なくプレゼント企画を行うことができます。②「虚偽のエンゲージメントに関するポリシー」及びYouTubeの利用規約に違反しないことが必要となりますが，これは極めて例外的なコンテンツとみなされる場合を除き，あまり問題にはされていません。

解　説

　プレゼント企画を行うに当たっては，景品表示法に抵触しないか，注意する必要があります。

1　景品表示法

　景品表示法（正式名称「不当景品類及び不当表示防止法」）は「商品及び役務の取引に関連する不当な景品類及び表示による顧客の誘引を防止するため，一般消費者による自主的かつ合理的な選択を阻害するおそれのある行為の制限及び禁止について定めることにより，一般消費者の利益を保護することを目的とする」（景品表示法1条）法律です。プレゼント企画を行うに当たっては，どのような場合に「不当な景品類及び表示による顧客の誘引」とみなされ，景品表示法に違反するかを知っておく必要があります。

(1)　景品類

　「景品類」の定義については，景品表示法2条3項で，「この法律で『景品類』とは，顧客を誘引するための手段として，その方法が直接的であるか間接的であるかを問わず，くじの方法によるかどうかを問わず，事業者が自己の供給する商品又は役務の取引（不動産に関する取引を含む。以下同じ。）に付随して相手方に提供する物品，金銭その他の経済上の利益であつて，内閣総理大臣が指定するものをいう」と，規定されています。このうち，重要な点は，「取引に付随」してという点です。「取引に付随」しているといえない場合には，プレゼントは「景品類」に該当しないので，景品表示法の規制を受ける

ことはありません。

　例えば，企画内容を広く告知して，商品やサービスの購入，来店を条件とすることなく，つまり，「取引に付随」せずに，誰でも容易に申し込むことができ，抽選で金品等が提供されるようなケースはオープン懸賞と呼ばれ，景品表示法の規制は受けません。YouTuberにおけるプレゼント企画は，ほとんどの場合，オープン懸賞として，景品表示法の規制は受けないものと考えられます。

　ただし，例えば，YouTuberが発売している商品を購入した視聴者のみをプレゼント企画の対象とするケースや，YouTuberが開設しているファンサイトの有料登録会員になった場合にプレゼント企画に参加できるというようなケースでは，オープン懸賞と判断されず，特定の条件を満たした人が応募できるクローズド懸賞とみなされる可能性があり，こうした場合には，景品表示法の規制を受ける可能性があります。

⑵　景品表示法と不当表示

　もし，景品表示法の規制を受けることがあっても，景品表示法に違反しない場合には，プレゼント企画を行うことができます。

　景品表示法では，一般消費者に商品・サービスの品質や価格について，実際より著しく優良又は有利であると誤認される表示（不当表示）を禁止しています。景品表示法に違反する不当表示については，事業者側に故意・過失がなかったとしても，景品表示法に基づく措置命令が行われることとなります。

　「実際より著しく優良又は有利であると誤認される」不当表示は，大きく分けて，以下のものがあります。

・優良誤認表示

　商品やサービスの品質，規格などの内容について，実際のものや事実に相違して競争事業者のものより著しく優良であると一般消費者に誤認される表示

・有利誤認表示

　価格を著しく安く見せかけるなど，取引条件を著しく有利に見せか

> ける表示
> ・その他誤認されるおそれのある表示
>   「商品の原産国に関する不当な表示」,「おとり広告に関する不当な表示」等,公正取引委員会が定める6つの告示

これらを用いて応募をあおるような行為は,避けなければなりません。

また,景品表示法では,過大な景品類の提供が禁止されています。例えば,商品・サービスの利用者に対し,くじ等の偶然性,特定行為の優劣等によって景品類を提供する「一般懸賞」とみなされた場合,懸賞による取引価額が5000円未満では最高額は取引価額の20倍,5000円以上では,最高額は10万円,総額は懸賞に関わる売上予定総額の2%と,限度額が定められています。

景品表示法の規制を受ける場合には,これらに注意すべきです。

2 YouTubeの規約

次に,YouTubeの規約等に違反する場合があります。景品表示法に違反しなくても,YouTubeの規約等に違反するケースも考えられますが,YouTubeの規約等に違反してしまうと,アカウントが凍結されてしまう可能性があるので,注意が必要です。

YouTube利用規約には,「本サービスの利用には制限があり,以下の行為が禁止されています」とあり,その中には以下の条項があります。

---

⑤　ユーザーの意向を無視した宣伝または営利目的のコンテンツを配信したり,一方的な勧誘や大量の勧誘を行ったりするために本サービスを使用すること。

⑥　本来のユーザーエンゲージメントの測定結果を歪めること,またはそのように仕向けること。たとえば,ユーザーに金銭を支払ったりインセンティブを与えたりして,動画の視聴回数,高評価数,低評価数を増やす,チャンネル登録者を増やす,またはその他なんらかの方法で指標を操作することなどが含まれます。　　　　　　　　　　　　　　　（YouTube利用規約）

　プレゼント企画については，プレゼント企画に関する動画を投稿し，動画の視聴回数，高評価数やチャンネル登録者を増やす，又はその他何らかの方法で測定結果を操作することが目的となっている部分が含まれていることは事実なので，形式的に考えた場合には，YouTubeの利用規約に違反する可能性が高いと考えられます。

　また，YouTubeのポリシーにおける「虚偽のエンゲージメントに関するポリシー」には，「自動システムを使用して，または何の疑いも持たない視聴者に動画を示して，視聴回数，高評価数，コメント数，その他の統計数を人為的に増やそうとする行為は，YouTubeでは許可されていません。また，エンゲージメント（視聴回数，高評価数，コメントなど）を得るためだけに視聴者を呼び込むコンテンツは禁止されています。このポリシーを遵守していないコンテンツとチャンネルは，YouTubeから削除される場合があります」と，されています。プレゼント企画は，この「エンゲージメント（視聴回数，高評価数，コメントなど）を得るためだけに視聴者を呼び込むコンテンツ」とされ，ポリシーを遵守していないとみなされる可能性が高いでしょう。

　しかし，プレゼント企画を行っているYouTuberは数多く存在しているものの，利用規約に違反したと判断された事例はまだ見当たらず，プレゼント企画がYouTubeの利用規約に違反すると判断される可能性は高くないと考えられます。

　規約等の適用の優先関係については，YouTubeの利用規約上，明らかではありませんが，「虚偽のエンゲージメントに関するポリシー」に違反しない限り，YouTubeの利用規約に違反すると判断される可能性は高くないと考えられます。現時点での結論としては，YouTuberがプレゼント企画に関する動画を投稿した場合，視聴回数や高評価数を得ることのみを目的とする極めて例外的なコンテンツを除き，YouTubeの利用規約やポリシーに違反すると判断される可能性は高くないと考えていいでしょう。

用語解説

Q＜ オープン懸賞

　新聞，テレビ，雑誌，ウェブサイト等で企画内容を告知し，商品・サービスの購入や来店を条件としないで，ウェブサイト，電子メール等で申し込むことができ，抽選で金品等が提供される企画は，一般にオープン懸賞と呼ばれています。オープン懸賞は，誰でもが参加できる簡単な条件を設定して応募者を募り，その中の当選した人に景品を贈呈するものであり，「無料会員登録」，「メルマガの登録」，「アンケートへの回答」のように，購入の促進よりも，商品やサービスの認知度を高めることが目的となります。こうしたオープン懸賞は，景品表示法の適用対象外となり，提供できる金品等に具体的な上限額の定めはありません。

Q＜ クローズド懸賞と一般懸賞

　商品やサービスの利用者に対し，商品やサービスの購入を応募条件として行う「クローズド懸賞」のうち，一定の地域（市町村等）の小売業者又はサービス業者の相当多数が共同で実施する「共同懸賞」以外のものは，「一般懸賞」と呼ばれます。
　一般懸賞は，「抽選券，じゃんけん等により提供」，「一部の商品にのみ景品類を添付していて，外観上それが判断できない場合」，「パズル，クイズ等の回答の正誤により提供」，「競技，遊戯等の優劣により提供」などが含まれますが，景品規制法の適用対象となり，景品類の限度額が決められています。

4 「物申す系」動画の法的注意点と YouTube規約

🔍 キーワード

#物申す系YouTuber　#下品な表現　#ヘイトスピーチ　#名誉毀損
#名誉感情の侵害（侮辱罪）

▶Q　①動画の内容が法律上適法であっても，YouTubeの運営に
より削除などの措置が講ぜられることがありますか。②「物申
す系」YouTuberは激しい言葉や表現を使うことがありますが，下品な
表現に当たると判断されたら，どうなるのでしょうか。

▶A　①利用規約・コミュニティガイドライン・各種ポリシー等といっ
た「規約」に違反すると，法律上適法な動画でも削除されてしまう
ことがあります。②下品な表現に当たるかは，いくつかの要素を考慮して判
断されますが，一部の言葉は18歳未満には不適切な場合があるので，コン
テンツに年齢制限を適用するか，コンテンツを削除するかのどちらかが求め
られることとなります。

◖　解　説　◗

　YouTube動画では過激な口調で意見を述べる「物申す系」YouTuberの人
気が高まっていますが，物申す系動画を投稿する場合，法律とともに，
YouTubeの利用規約との関係で問題が生じないかに注意する必要がありま
す。名誉毀損で逮捕された物申す系YouTuberもいますが，法律上は適法な
動画であっても，利用規約違反であると動画削除やアカウント凍結といった
問題になりかねません。

1 YouTubeの利用規約等

YouTubeには，大きく分けて，利用規約・コミュニティガイドライン・各種ポリシーの3つがあり，抽象的である利用規約を具体的にしたものがコミュニティガイドラインと各種ポリシー等ですが，「法律的には違法ではない」としても，これらに違反してしまうと動画を削除されてしまうので，投稿する場合には，こうした「規約」にも気をつける必要があります。

⑴ 下品な表現に関するポリシー

まずコミュニティガイドラインでは「下品な表現に関するポリシー」が定められています。物申す系動画で最も注意せねばならないポリシーですが，一部の言葉は18歳未満には不適切な場合があるので，コンテンツに年齢制限を適用するか，コンテンツを削除するかのどちらかが求められることとなります。「下品な表現に関するポリシー」によれば，具体的には，以下の要素として考慮され，判断されます。

- 露骨な性的表現やナレーションの使用
- 動画内での過剰な冒とく的表現の使用
- 動画のタイトル，サムネイル，関連付けられたメタデータでの非常に冒とく的な表現の使用

したがって，以下のようなコンテンツは年齢制限を設定しなければなりません。

- 動画集や文脈を無視して抜き出したクリップなど，冒とく的な表現の使用に焦点を当てた動画
- あおり運転の様子や長時間にわたる暴言が映っている動画で，非常に冒とく的な表現が使用されているもの
- 非常に冒とく的な表現が飛び交う殴り合いの対立シーンを撮影した動画，または暴力を伝えるために非常に冒とく的な表現を使用している動画

(2)　暴力的で生々しいコンテンツに関するポリシー

　視聴者に衝撃や不快感を与えることを目的とする暴力的又は残虐なコンテンツ，若しくは他のユーザーに暴力行為を促すコンテンツは許可されません。したがって，「暴力的で生々しいコンテンツに関するポリシー」によれば，以下のようなコンテンツは，許可されません。

- 個人または特定のグループの人々に対する暴力行為を扇動するもの。
- 未成年者が関わるけんか。
- 交通事故，自然災害，戦争直後の状況，テロ攻撃直後の状況，路上でのけんか，暴行，侮辱，拷問，死体，抗議行動や暴動，強盗，医療行為などを含み，視聴者に衝撃や不快感を与えることを目的とする映像，音声，画像。
- 視聴者に衝撃や不快感を与える目的で，血液や嘔吐物などの体液を描写した映像または画像。
- 手足の切断などの大怪我を負った死体の映像。

(3)　ヘイトスピーチに関するポリシー

　年齢，人種，性別，宗教等を含む数々の特性に基づいて，個人や集団に対する暴力や差別を助長する悪意のある表現を含むコンテンツや，ヘイトスピーチは許されません。「ヘイトスピーチに関するポリシー」によれば，「年齢・カースト・障がい・民族・性同一性や性表現・国籍・人種・在留資格・宗教・性別/ジェンダー・性的指向・深刻な暴力的出来事の被害者とその親族・従軍経験のいずれかの特性に基づいて個人や集団に対する暴力や差別を助長するコンテンツ」は削除されます。なお，暴力行為の予告は間接的であっても現実の脅迫とみなされます。

2　権利侵害

　規約等に違反すると動画を削除されてしまいますが，法律的に違法な，権利侵害に該当する場合には，それだけでは済みません。物申す系動画投稿に

おいて，最も行ってしまいがちな権利侵害は，名誉毀損と名誉感情の侵害（侮辱罪）といえます。ここで，名誉とは，以下の2種類があります。

- 人の社会的評価を意味する社会的名誉
- 自己に対する評価を意味する主観的名誉

　前者の「社会的名誉」が「名誉毀損」というときの「名誉」であり，「自分が社会からどのように評価されるか」に関わるものです。後者の「主観的名誉」は「自尊心を傷つけられた」というような場合の「名誉感情」と呼ばれるもので，名誉感情を侵害するような表現は，刑法上の名誉毀損には該当しませんが，民事上では「名誉感情の侵害」として，侮辱罪になるケースがあります。

(1)　名誉毀損

　名誉毀損とは，「公然と」，「事実を摘示し」，「人の名誉を毀損する」ときに成立するものです。名誉毀損は，表現行為によってその対象者の社会的評価が低下することを本質とし，社会的評価低下の前提として，「一般読者の普通の注意と読み方」（最二小判昭和31年7月20日民集10巻8号1059頁）を基準として，不特定多数の者が対象者を同定することが可能であることを要すると解されます。2021年3月には，人気少女インフルエンサーがいじめを行っていたとする発言を繰り返した物申す系YouTuberが，名誉毀損容疑で逮捕され，話題になりました。

(2)　名誉感情の侵害

　名誉感情，すなわち人が自分自身の人格的価値について有する主観的評価（主観的名誉）も法的保護に値する利益であり，表現態様が著しく下品ないし侮辱的，誹謗中傷的である等，社会通念上許容される限度を超える侮辱行為は，人格権を侵害するものとして，名誉毀損とは別個に不法行為を構成するとされています。判例では，名誉感情侵害は，「社会通念上許される限度を超える侮辱行為であると認められる場合に初めて被上告人の人格的利益の侵害が認められ得る」（最三小判平成22年4月13日民集64巻3号758頁）とされ，判断基準は「社会通念上許される限度を超える」か否かです。

　したがって，「ヘイトスピーチに関するポリシー」の「個人や集団に対す

る暴力や差別を助長するコンテンツ」に該当しない場合でも，相手に対して表現が著しく下品ないし侮辱的，誹謗中傷的である等，社会通念上許容される限度を超える侮辱行為は，人格権を侵害するものとして，名誉毀損には当たらない場合でも，名誉感情の侵害として不法行為とみなされる可能性があります。

　物申す系動画においては，口汚い罵倒，度が過ぎるような攻撃的表現，執拗な誹謗中傷には，注意が必要です。相手の挑発に乗ったり，売り言葉に買い言葉で名誉感情を侵害するような発言をしたりすると，権利侵害を問われる可能性があります。

3 YouTubeの規約改定と"悪口禁止"

　2019年6月に改定された規約により，YouTubeの広告掲載規制が強化されました。"悪口禁止"が明確になり，過激な口調で世間に意見する"物申す系YouTuber"が該当する「炎上目的・侮辱的」な動画について，広告表示無しや広告制限となる例が追加されました。「広告掲載に適したコンテンツのガイドライン」の「扇動的，侮辱的なコンテンツ」の例とされている，「個人を名指しで罵る，中傷するコンテンツ」，「個人に対する悪意のある攻撃，中傷，名誉毀損」が，これに該当します。

　物申す系YouTuberがこれまでのような暴言とも取れる発言を行うことは難しくなり，物申す系の動画を再生しても広告が付いていないものが目立つようになりました。しかし，これはあくまでも広告規制の問題であり，物申す系YouTuberにとっては問題であったとしても，広告収入が主目的ではない一般のユーザーにはあまり影響がないと思われます。また，どの程度を超えれば違反とみなすのか，悪口なのか意見なのか，といった判断は難しいので，"悪口禁止"によって，「個人を名指しで罵る，中傷するコンテンツ」，「個人に対する悪意のある攻撃，中傷，名誉毀損」がなくなるわけではないでしょう。実際，物申す系YouTuberの悪口や誹謗中傷は形を工夫しながら続いていますし，それほど減ってはいないようです。

名誉毀損と名誉感情の侵害（侮辱罪）

　名誉毀損は，表現行為によってその対象者の社会的評価が低下することを本質とするので，社会的評価低下の前提として，一般の読者の普通の注意と読み方を基準として，不特定多数の者が対象者を同定することが可能であることを要すると解されます。これに対し，名誉感情侵害はその性質上，対象者が当該の表現をどのように受け止めるのかが決定的に重要であるので，対象者が自己に関する表現であると認識することができれば成立し得ると解するのが相当であるとされています。そして，一般の読者が普通の注意と読み方で表現に接した場合に対象者を同定できるかどうかは，表現が社会通念上許容される限度を超える侮辱行為か否かの考慮要素となるにすぎないと判断されています。

　裁判で係争中のAとB，Cが裁判所の廊下で口論となり，BがAを「盗人」，CがAを「泥棒」，「はげ」等と罵ったことに対して，AがB，Cを「名誉毀損」それに当たらない場合は「名誉感情の侵害」として，損害賠償を請求した事例があります。裁判所は，侮辱的な言辞を用いて原告を誹謗中傷したものであるから，各発言は，原告の名誉感情を侵害するものであり，社会生活上許容される受忍限度を超える違法なものというべきであるとしました。一方，一般に「盗人」や「泥棒」という発言は，他人を誹謗中傷する際に度々用いられる言葉であり，「盗人」や「泥棒」というような「抽象的な表現にとどまらず，何らかの犯罪行為を行ったとの具体的な事実を摘示した上で本件各発言に及んだことを認めるに足りる証拠はないから，本件各発言をもって，原告X1の社会的評価を低下させるものであるということはできない」として，名誉毀損は認めませんでした（東京地判平成21年2月19日Westlaw 2009WLJPCA02198018）。

第 **2** 章

配信内容の問題

5 「歌ってみた」動画と音楽の利用方法

🔍 キーワード

#著作権　#著作隣接権　#著作権管理団体　#著作者人格権

▶**Q**　　YouTubeに「歌ってみた」動画を投稿したいのですが，音楽を利用する場合，①どのような方法で行えば適法な投稿を行うことができるのでしょうか。②編曲や替え歌，別の楽器で演奏することは違法になるのでしょうか。

▶**A**　　①YouTubeは主要な音楽の著作権管理団体と利用許諾契約を締結しています。そのため該当機関が管理している曲であれば，無届けで使用して動画を投稿しても，著作権侵害には当たりません。団体が管理していない楽曲の場合には，個別に権利者から許諾を得る必要があります。ただし，CDや配信音源を使用する場合には，アーティストやレコード製作者が持つ著作隣接権という権利にも留意しなければなりません。②編曲や替え歌を行う場合は曲調等が大きく変わってしまう可能性があるので，権利者の人格や名誉を保護する権利である著作者人格権が問題となります。これは著作者に帰属し，他人に譲渡することができない権利なので，原則として著作者の許諾を得なければなりません。

解　説

　YouTubeには，「歌ってみた」という人気のジャンルがあります。「歌ってみた」はJ-POPやボカロ等，他人の人気曲に合わせて歌っている動画を投稿するというジャンルです。YouTuberだけでなく，VTuberにも人気がありますが，歌ってみた動画の投稿に際し留意すべき権利として，著作権，

著作隣接権，場合によっては著作者人格権があります。

1 著作権

(1) 著作権という制度

著作権とは，著作物を保護するための権利です。努力して著作物を作っても，他の人にパクられたり，得られるはずの利益を横取りされたりしてしまうなら，努力して著作物を生み出そうとする人がいなくなり，文化は発展しません。そこで，著作者に著作権を与え，文化の発展を支援するために，著作権という制度があります。

著作権法によれば，著作物とは，「思想又は感情を創作的に表現したものであつて，文芸，学術，美術又は音楽の範囲に属するもの」（著2条1項1号）であるので，歌ってみた動画で使用される音楽に著作物性が認められることには，問題がありません。

(2) 著作権の中身

著作権は，申請しなくても，著作物を作った瞬間に多くの権利が与えられます。それらは，①（狭義の）著作権，②著作隣接権，③著作者人格権の3つに分けることができます。

①の狭い意味での著作権は，「複製権」や「上演権及び演奏権」，「上映権」，「公衆送信権」などのような，財産的な権利です。YouTubeやインターネットへの公開で問題となるのは，「複製権」と「公衆送信権」になります。

著作権には，この他にも作品を多くの人に見せる「展示権」，「頒布権」，「譲渡権」，「貸与権」，「翻訳権」，「翻案権」，「二次的著作物の利用権」などがあります。

2 著作隣接権

著作隣接権とは，著作物を他人に伝達する実演家やレコード製作者などに認められる権利で，実演家には著作物を演奏し又は演奏する「演奏権」（著22条），レコード製作者には著作物を複製する「複製権」（著21条）が認められ

ています。

　楽曲や歌詞がどんなに素晴らしいものであっても，伝える人がいなければ他の人には伝わりません。そのため，実演家やレコード製作者に著作隣接権が認められているのです。「歌ってみた」動画を投稿する際には，楽曲や歌詞の著作権だけでなく，アーティストやレコード製作者の著作隣接権にも留意する必要があります。

3　著作権管理団体とは

　著作権法に違反しないために，楽曲や歌詞を使用したい場合は，使用許諾を得なければなりません。しかし，世の中には，数えきれないほどの楽曲や歌詞が存在し，個別に使用許諾を得ることは大変です。そこで，これらの作品の使用許諾を得る場合，著作権管理団体（著作権料徴収団体）に交渉することになります。

　著作権管理団体とは，著作権権利者を代行し，著作物の使用を希望する人から，著作権使用料を徴収する団体のことをいいます。著作権管理団体へ著作権料を支払うことにより，権利者を介さずに著作物を使用することが可能になります。

　著作権管理団体としては，以下のような団体が代表的です。

日本音楽著作権協会（JASRAC）
日本美術著作権機構（APG-Japan）
NexTone

4　YouTubeと包括契約を結んでいる団体

　YouTubeはJASRACやNexToneと包括契約を締結しているので，これらの団体が管理する楽曲の場合には，歌ったり，演奏したりしてYouTube上で公開することが可能です。この場合，著作権使用料は個別の使用者に代わって，YouTubeが支払ってくれているわけです。だから，YouTubeに投

稿する場合，JASRACやNexToneが管理している楽曲や歌詞であれば，原則として，使用を届け出ることなく，著作権法に抵触することなしに使用することができます。

　管理する楽曲であるかどうかは，JASRACの作品データベース検索サービス「J‑WID」や「NexTone作品検索データベース」で検索することができます。ただし，管理されているのは一般的に楽曲や歌詞の著作権のみであるという点で注意が必要です。

5　原盤権

　CDや配信音源を流す場合，著作権だけでなく，レコード製作者が有する，著作隣接権の一つとしての「原盤権」（著96条〜97条の3）の侵害に当たる可能性もあります。

　レコードを販売するための必要な原盤（マスターテープ）の制作には，録音作業のコスト（スタジオ使用料，演奏者，シンガーの報酬），ミキシングやマスタリング等の編集費用など多くの費用が発生するため，レコード製作者が原盤制作の作業に必要な費用とリスクを負担する見返りとして，最終的に完成した原盤に関する権利がレコード製作者に与えられます。音楽に関しては，著作権と原盤権は全く別の権利であって，楽曲を演奏して配信する場合は，CDや配信音源は使わないので原盤権侵害には当たりませんが，CDや配信音源をそのまま流す場合は，著作権だけでなく原盤権にも気を配る必要があります。

　例えばJASRACであれば，著作隣接権の管理を行っていないので，レコード製作者など，別途権利者の許諾をとる必要があります。著作隣接権を持っているのが誰か，というのは，日本では，いわゆる音楽ビジネス業界の業界慣行として，音楽出版社やレコード会社が当該権利を保有しているケースが多くなっています。また，契約によっては，著作権のうち一部の支分権（演奏権，録音権，出版権，貸与権等）や利用形態（ゲームに供する目的で行う複製，広告目的で行う複製など）のみがサイトの管理対象となっていることがあるので，注意が必要です。

　著作権管理団体が管理していない楽曲を使用したい場合は，個別に権利者

から許諾を得ることができれば使用可能です。楽曲によっては，著作権者が「歌ってみた」動画用の音源をホームページで公開している場合もあります。

6　著作者人格権

　編曲や替え歌を行う場合は，曲の雰囲気がガラッと変わってしまうことがあるので，著作権だけでなく，著作者人格権についても考える必要があります。

　著作者人格権には「公表権」，「氏名表示権」，「同一性保持権」という3つの権利があります。著作権は著作者の財産的権利を保護するものであって，著作者人格権は著作者の人格的利益を保護するものです。だから，著作権は他人に譲り渡したり相続したりすることができますが，著作者人格権は譲ることはできません。

　「公表権」は，著作物を公表する権利で，著作者のみが権利を有しています。

　「氏名表示権」は，著作物に実名やペンネームを表示する，又は表示しない権利で，著作者のみが権利を有しています。

　「同一性保持権」は，著作物を変更する権利で，やはり，著作者のみが権利を有しています。著作物を勝手に改変したりしてはいけません。

用語解説

Q < JASRAC

　JASRACの正式名称は，「一般社団法人日本音楽著作権協会」です。英語表記「Japanese Society for Rights of Authors, Composers and Publishers」にあるように，国内の作詞者（Author），作曲者（Composer），音楽出版者（Publisher）等の権利者から著作権の管理委託を受け，海外の著作権管理団体とレパートリーを管理し合う契約を結んでいる団体です。

　このJASRACが，膨大な数の管理楽曲をデータベース化し，演奏，放送，録音，インターネット配信などの形で利用される音楽につき，利用者が著作権の手続ができる窓口となっていて，使用料を，権利を委託した作詞者・作曲者・音楽出版者などに，定期的に分配しています。

著作物と著作者

　著作権法では，著作物を「思想又は感情を創作的に表現したものであつて，文芸，学術，美術又は音楽の範囲に属するもの」（著2条1項1号）と定義し，著作者を「著作物を創作する者」（同項2号）と定義しています。

　つまり，①思想又は感情を，②創作的に，③表現したもの，④文芸，学術，美術又は音楽の範囲に属するものが，著作物となります。

　①より，「スカイツリーの高さは634mである」というような単なる事実やデータなどは，著作物とはなりません。

　②より，他人の作品をまねした物や，誰が表現しても同じようなありふれた表現は，著作物とはなりません。

　③より，アイディアやまだ表現されていない考えなどは，著作物とはなりません。

　④より，工業製品などは，著作物とはなりません。

　そして，このように定義された著作物を創作する人が，著作者となります。

6 テーマパーク内で撮影した動画の公開で問題になる法律・約款等

🔍 キーワード

#動画作成　#施設管理権　#差止め請求　#損害賠償請求
#私的使用のための複製（著30条）

> ▶**Q**　テーマパーク内で撮影した動画をYouTubeで公開する場合，
> ①どのような法律・約款等が問題となるでしょうか。②法律的
> に問題があった場合，実際にはどのようなリスクがあるのでしょうか。

▶**A**　①テーマパーク内で行われるショーやパレード，ダンスの振り付けには著作権が認められる可能性があります。また，テーマパークは私有地であるため，無許可で撮影すると，施設管理権を侵害する可能性もあります。②著作権侵害が認められた場合，損害賠償（民法709条，著114条）等を請求されるリスクがあります。ただし，テーマパーク内の撮影自体は，私的利用の範囲であれば著作権侵害は問われません。

解　説

1　テーマパーク内での動画撮影と著作権

　テーマパークや遊園地で撮影した動画をSNS等に投稿する際には，著作権法違反にならないよう注意する必要があります。音楽の著作権，舞踏の著作権については，Q35にて解説します。遊園地やテーマパークにいるキャラクターを撮影した場合は，キャラクターの著作権が問題となる可能性があります。キャラクターそのものに著作権は発生しませんが，キャラクターの着ぐるみには「キャラクターを表現したもの」として著作権が発生するからです。

また，テーマパーク内でのショーやパレードを動画で撮影した場合，個人的に楽しむだけであれば，著作権を侵害しないものとなります（著30条）が，著作権者の許諾がなく動画を撮影すれば複製権の侵害に，無断でYouTubeに投稿すると，公衆送信権の侵害に該当し，著作権侵害となる可能性があります。

2 ショーやパレードの動画公開の問題点

千葉県浦安市にある東京ディズニーリゾートでの撮影が問題となった事例があります。

2007年，東京の会社員とその妻，看護師と無職の計4人が，東京ディズニーリゾートで撮影したアトラクションのパレードを，DVDに複製し，インターネットを通じて無断で販売したとして，著作権法違反容疑で逮捕されました。

4人は，「ハロウィン2006」というパレードを，高級ビデオカメラで三脚を立てて見やすい場所を占拠して動画を撮影していました。4人の動画撮影により，パレードが見づらい状態となっていたことから，他の入園者が，東京ディズニーリゾートに対し，4人に関する苦情を寄せ，東京ディズニーリゾートが警察に通報して犯行が発覚したとされています。4人は，2人ずつ別のグループでしたが，2004年以降で，それぞれ，約1800万円（DVD約1500枚分）と約900万円（同6500枚分）を売り上げていました。

この事例は，パレードを著作物として捉えた最初の事例といわれています。パレードを撮影した動画をSNS等に無断で投稿すれば，著作権の一つである「公衆送信権」の侵害に当たり，著作権法違反に該当する可能性があるといえます。また，パレードの動画を無断で複製して販売したり，動画投稿サイトに投稿したりする等の営利目的での利用は著作権法違反となります。

YouTubeでは，ショーやパレードが撮影された動画が多く投稿されていますが，これらの多くは，著作権侵害であると考えられます。ただし，YouTubeへのショーやパレードの動画の投稿では，収益化のための広告を付けることが難しく，この事例のように，商業目的でDVDを複製して販売

するというケースとは多少性質が異なるので，事実上，大きな問題にはなっていないと考えられます。しかし，テーマパーク内で撮影したショーやパレードの動画を投稿することは，著作権侵害に当たるので，損害賠償請求される可能性があり，注意が必要です。

③ テーマパークの約款と施設管理権

　テーマパークによっては，約款で，テーマパーク内での動画撮影について，規定を定めているケースがあります。これは，施設管理権に基づくものです。
　テーマパークや遊園地の管理者は施設所有権に基づく施設管理権を持っており，利用者は行為や言動を制限されることがあります。施設管理権とは，施設を本来の目的に沿って利用するために必要な措置を行う権利を指しますが，この施設管理権により，施設管理者は動画の撮影等に一定の制限を設けることができるのです。よってテーマパークの各規定をよく確認して撮影すべきです。

(1)　東京ディズニーリゾートの約款について

　東京ディズニーリゾートは，「東京ディズニーリゾートからのお願い」を公開し，例えば，以下のような行為を禁止しています。

- 商業目的の撮影等
- 他のお客様のご迷惑となる撮影および公衆送信
- ハンディサイズのグリップアタッチメントを除き，一脚・三脚・自分撮りスティック等の補助機材の使用
- 東京ディズニーランドおよびその関連施設の運営の妨げになる一切の行為
- 営利活動（当社が許可した場合を除きます。）

（https://www.tokyodisneyresort.jp/tdr/resort/forguest.html）

　上記の規定との関係では，商業目的以外の動画撮影，すなわち，私的な目的のための動画撮影であれば，原則として，認められるものと考えられます。ただし，「他のお客様の迷惑となる撮影」や「一脚・三脚・自分撮りスティック等の補助機材の使用」は，目的を限定せずに禁止されていますし，

YouTuberによる撮影は営利活動に該当するとみなされる可能性が高いといえます。

(2)　ユニバーサル・スタジオ・ジャパン（USJ）の約款について

USJでは,「ルールとマナー」を公開し,テーマパーク内での動画撮影に関連する以下のような規定を定めています。

パーク内での撮影について

　すべてのゲストの皆さまがパークを快適に楽しめるよう,撮影には一部,制限を設けています。

- 事故防止のため,アトラクション乗車中の撮影
- ネタバレにつながる,クイズ内容,解答などの撮影
- 演出効果への影響やエンターテイナーの安全のために,フラッシュ撮影禁止をお願いしている場所での,フラッシュを使用しての撮影
- 非公開エリア（工事や改装エリア等）の撮影
- 著作権侵害につながる,営利目的の撮影
- LIVE（生）配信やそれに準じた撮影
- 他のゲストへのご迷惑につながる,不特定多数のゲストへのお声がけによる撮影行為

　上記は一例です。他のゲストへのご迷惑になると判断した場合,施設損壊の恐れのある場合,クルーやエンターテイナーの安全優先をはかる場合,クルーの判断で中止を求めることがあります。

　ご理解,ご協力をお願いします。

画像の公開について

　撮影者と無関係なゲストが映り込んでいる画像や動画の公開によるトラブルは,パークでは一切の責任を負いません。ご注意ください。

（https://www.usj.co.jp/web/ja/jp/service-guide/rules-manners#regarding-photography）

　USJの規定では,LIVE（生）配信やそれに準じた撮影が禁止されていますが,東京ディズニーリゾートの規定と異なり,公衆送信自体は禁止されていません。そのため,他の規定に抵触しない範囲であれば,テーマパーク内で撮影した動画を動画共有サイトやSNSにアップしても規定に違反しないと考えられます。

施設管理権

施設管理者には，通常，以下の行為が認められています。

① 施設管理権原者が入場立ち入りを拒否した者に対して施設外へ退去を命じること（対象者が命令に従わない場合は不退去罪が成立し，警察に介入を求める事が出来る）

② 施設管理権原者が施設管理上著しい危険或いは迷惑と認めた行為を制限すること

③ 施設管理権原者が施設の治安維持上必要と認めた範囲での物品の持ち込み制限

警察署内において抗議行動をした学生たちに対して，庁舎管理権にもとづきこれを庁舎外に排除した行為の適法性が争われた裁判では，「庁舎管理権は，単なる公物管理権にとどまるものではなく，公物管理の側面から，庁舎内における官公署の執務につき，本来の姿を維持する権能を含むものであり，一般公衆が自由に出入しうる庁舎部分において，外来者が喧噪にわたり，官公署の執務に支障が生じた場合には，官公署の庁舎の外に退去するように求める権能，およびこれに応じないときには，官公署の職員に命じて，これを庁舎外に押し出す程度の排除行為をし，官公署の執務の本来の姿を維持する権能をも，当然に包含している」ものと解すべきであるとして，施設管理権が認められています（東京高判昭和51年2月24日判時819号102頁）。

7　テレビ企画を模倣した動画による権利侵害

🔍 キーワード

#アイディア表現二分論　#商標権　#商標区分

▶**Q**　　YouTubeにテレビ番組を模倣した動画を投稿すると，①著作権を侵害することになりますか。②著作権以外の法律が問題となる可能性はありますか。

▶**A**　　①企画を抽象的なアイディアにとどまる範囲で利用するだけなら，著作権侵害には当たりませんが，進行をそっくりそのまま模倣したり，キャラクターを使用したりした場合には著作権侵害となります。②商標権侵害が問題となる場合があります。

解　説

　YouTubeでは日々多種多様なジャンルの動画が投稿されていますが，その中にテレビの企画を模倣した作品が存在します。例えば，TBSテレビ系列で2014年から放送されているバラエティ番組「水曜日のダウンタウン」は，プレゼンターが唱えた「説」を検証するという企画がメインコーナーとなっており，YouTube上では，同コーナーを踏まえていると思われる動画が大量に公開されています。

1　著作権

　テレビで放映された番組をそのままコピーしYouTubeに投稿した場合，まず著作権侵害となることが容易に想像できますが，企画のみを模倣した場

合はどうなるのでしょうか。

(1)　著作物

　著作物について著作権法は、「思想又は感情を創作的に表現したものであつて、文芸、学術、美術又は音楽の範囲に属するものをいう」（著2条1項1号）と、定義しています。

　簡単にいえば、著作物とは自らの考えたことや感情などを作品として創作的に表現したものであって文芸等の分野に属するものです。

(2)　アイディア表現二分論

　私たちが表現活動を行う場合、通常、頭の中で考え（アイディア）、それを表現するというプロセスを踏みます。「著作物」といえるためには、「創作的に表現」されることが必要なので、頭の中で考えている状態、つまり、アイディアの段階では著作物には該当しません。このような、アイディアと表現を区別する考え方を、アイディア表現二分論といいます。

　アイディア表現二分論に関して、裁判所は、「著作物として著作権法が保護しているのは、思想、感情を、言葉、文字、音、色等によつて具体的に外部に表現した創作的な表現形式であつて、その表現されている内容すなわちアイデイアや理論等の思想及び感情自体は、たとえそれが独創性、新規性のあるものであつても、小説のストーリー等の場合を除き、原則として、いわゆる著作物とはなり得ず、著作権法に定める著作者人格権、著作財産権の保護の対象にはならないものと解すべきである」（発光ダイオード論文事件・大阪地判昭和54年9月25日判タ397号152頁）としています。

　「具体的に外部に表現した創作的な表現形式」と「表現されている内容すなわちアイデイアや理論等の思想及び感情自体」を峻別しているわけですが、この考え方が一般的なものとなっています。

(3)　テレビ企画の模倣

　テレビ企画の模倣については、企画を抽象的なアイディアにとどまる範囲で利用する場合には、著作権を侵害するものではないと考えられています。例えば、「YouTuber格付けチェック！」のようにテレビ番組の企画をアイディアレベルで模倣した動画を作成し公開しても、原則として著作権侵害にはならないものと考えられます。注意が必要なのは、進行をそっくりそのま

ま模倣すると権利侵害となる可能性が高いということですが，そうでなければ，問題にはなりません。

　ただし，テレビ企画の場合，キャラクターなどが登場することも考えられますが，キャラクターについては著作物になるので，登場させた場合には，著作権の侵害となってしまいます。アイディアと表現をしっかりと区別し，アイディアを模倣する段階にとどめるよう注意する必要があります。

2　商標権の問題

　商標権についても留意する必要があります。

(1)　商標権とは

　商標権とは，商品やサービスに関する商標を独占的に使用することを保護する権利のことで，著作権と異なり，法律上の要件を満たせば発生するという権利ではなく，特許庁に登録出願をし，特許庁に審査や登録料の納付などの所定の手続を経ることにより認められる権利です。商標権者は，「指定商品又は指定役務について登録商標の使用をする権利を専有する」（商標法25条）とされ，他人による登録商標の類似範囲での使用を排除することができます。

(2)　商標区分

　商標権には商標区分というものがあります。商標がどのような分野をカバーしているかというものです。商品とサービスを合わせて全45種類となっています。テレビ企画の模倣動画では，第41類（教育，娯楽，スポーツ及び文化活動）との関係が問題となる可能性が高くなります。例えば「トリビアの泉」は第41類で検索すると，「放送番組の制作」や「インターネットを利用して行う映像の提供，映画の上映・制作又は配給」等で商標登録されています。

　商標は，特許庁が設ける多種多様なカテゴリーの中から，自己の商品等の使用方法に沿ったものを自ら選び，そのカテゴリーと紐付く形で登録されます。これは言い換えると，登録していないカテゴリーについては，商標権は及ばないということです。例えば，「AEON」という文字を見たとき，スーパーやモールを展開する「AEON（イオン）」を思い浮かべる人がいるでしょうが，英会話教室の「AEON（イーオン）」を思い浮かべる人もいるのではな

いでしょうか。もちろん上記2社はそれぞれに商標権を保有しています。では，上記2社が互いに商標権を侵害しているのかといえばそんなことはありません。これは，スーパーの「AEON（イオン）」の商標権と英会話教室の「AEON（イーオン）」の商標権とでは商標区分が異なっているからです。

　なお，商標登録がされているかどうかは，特許庁の「特許情報プラットフォーム（J-PlatPat）」により検索することができます。

⑶　商標権侵害となる例

　例えば，商標登録がされている「トリビアの泉」を用いて，雑学を教える内容の動画を作成してYouTubeに投稿した場合は，商標権侵害になるものと考えられます。ただし，自虐ネタとして動画内で「これってトリビアの泉のパクりみたい（笑）」などと話すなど，番組名を話すこと自体は，商標権侵害にはなりません。

　自社の商品や商材について，商標権を取得すれば，いわゆる「パクり」を防ぐことができます。

　ただ，商標権とは，例えば「『ディズニー』と言うなという権利」ではありません。日常の会話やテレビ番組においてディズニーの名前を出しても，商標権侵害にはなりません。商標権によって禁止されるのは，あくまで「商標的使用」に限られます。ディズニーの例でいえば，第三者が「ディズニーアイランド」という施設を作ったら，実際にはディズニーと関係のないものであったとしても，ディズニー公式の施設であるように見えてしまいます。商標権とは，こうした態様の使用，つまり「商標的使用」を禁止する権利です。

　自己の商品・サービス等を，他の商品・サービス等と見分けられるようにし（自他商品識別機能），商品等の出所を表す（出所表示機能）ために使用されるのが商標であり，この自他商品識別機能，出所表示機能を有する形での使用が，「商標的使用」とされます。例えば，商品に付されている「ABC」という文字列を一般消費者が見たとき，それがどこの企業の商品であるのか想起することが可能であるというときには，自他商品識別機能，出所表示機能を有するといえ，商品に「ABC」という文字列を付す行為が，商標的使用に当たることになります。逆にいえば，自他商品識別機能，出所表示機能を果たさないような使用法の事例では，「商標的使用」とは認められず，登録商

標の効力が及ばないことがある，というわけです。

　商標権侵害の判断は難しく，YouTubeの「法律に関するポリシー」では，「商標」について，「商標権を侵害する動画やチャンネルを禁止しています。誤解を招くような方法で他者の商標を使用している場合，動画がブロックされることがあります。チャンネルが停止されることもあります」としていますが，同時に，「貴社の商標が侵害されていると思われる場合であっても，YouTubeは，クリエイターと商標権所有者との間の商標権に関する争議を仲裁する立場にはないことをご理解ください」としています。

　YouTubeの商標権侵害の申立てフォームを使用して商標権侵害の申立てを行うことになりますが，専門家の判断を仰ぐことになるでしょう。

● ● ●

キャラクターと著作権　🔍

　「ポパイ」「ドラえもん」「初音ミク」といったような，あるキャラクターの設定・特徴・人格といったものは，表現ではなくアイディアであると考えられています。

　「ポパイ」のイラストを無断で描くことが著作権侵害に当たるか否かが争われた裁判で，著作権侵害を主張するのであれば，"キャラクターが無断で利用された"ではなく"ある具体的な絵・イラスト（例えば第○巻の第○話のイラスト）が無断で利用された"というように，"どの絵・イラストを盗まれたのか"を特定するべきであるとしました。

　最高裁判所は，「一定の名称，容貌，役割等の特徴を有する登場人物が，反復して描かれている一話完結形式の連載漫画においては，当該登場人物が描かれた各回の漫画それぞれが著作物に当たり，具体的な漫画を離れ，右登場人物のいわゆるキャラクターをもって著作物ということはできない」とし，「キャラクターといわれるものは，漫画の具体的表現から昇華した登場人物の人格ともいうべき抽象的概念であって，具体的表現そのものではなく，それ自体が思想又は感情を創作的に表現したものということができないからである」（ポパイネクタイ事件・最一小判平成9年7月17日裁判所時報1200号1頁）と，判示しています。

商標制度 🔍

　商標登録とは「商標法」に基づいた制度で，個人又は法人が自己の商品又はサービス（以下「商品等」）を特許庁に登録することで，当該商品等の登録商標に，

① 識別機能（他の商品等との見分けがつく機能）

② 出所表示機能（誰の商品等であるかを明確にする機能）

③ 品質保証機能（顧客に当該商品等から「一定の品質」が得られるとの安心感を与える機能）

④ 宣伝広告的機能（①～③などから顧客に当該商品等の購買意欲を喚起させる機能）

を持たせることを目的に作られた制度です。この4つの機能を法的に制度として担保するため，商標法では，商標登録した者に当該商標を独占する「商標権」を付与し，他人が無断で自己の商標を「使用」した場合（商標権侵害）に，その差止めや損害賠償の請求ができると定めています（商標法36条～38条等）。

商標権として保護される範囲 🔍

　代表的な商標は商品の名称ですが，商標権として保護される範囲には，文字，図形，記号，立体的形状やこれらを組み合わせたもの（結合商標）なども含まれます。例えばアンパンマンや，Nikeのスウッシュマーク，Appleのリンゴの絵なども商標ですし，不二家のペコちゃんやケンタッキーフライドチキンのカーネル・サンダースなどは立体商標として登録されています。

　さらに2015年4月からは，動作を伴う商標，ホログラムの商標，色彩のみで表された商標，音で認識される商標や位置商標についても，商標登録ができるようになりました（2014年5月14日法律第36号）。色彩のみでの商標にはセブン-イレブンの「オレンジ・緑・赤」の色パターンなどが認められています。

8 リアクション動画の法的問題点

🔍 キーワード

#リアクション動画　#著作権の制限　#引用　#引用の4要件

▶**Q**　①公開済みの動画等を視聴する様子と，そのリアクションを撮影して作成した「リアクション動画」は著作権法に触れるのでしょうか。②リアクション動画において用いられる画像，動画が引用であると主張するためには，どうすればいいのでしょうか。

▶**A**　①リアクション動画では，特定の写真や動画等を見ている人が，どのような写真や動画を見て，どのようなリアクションをしたかということが，動画の要素として重要です。そのため，大きなリアクションをとるような特徴的な写真や動画が使用されることになりますが，リアクション動画内で使用される写真や動画が，著作物に該当する場合には，権利者に無断で使用してしまうと原則として著作権侵害に当たります。②引用と認められるためには，引用の要件を満たすことが必要です。

◀　解　説　▶

　リアクション動画では，動画投稿者が，アーティストの写真や動画を，自身が投稿している動画の中で使用することが，ある種当たり前のようになっている部分があります。しかし，アーティストの写真や動画を使用している以上，著作権との関係で問題が生じる可能性があります。

① リアクション動画とは

　リアクション動画とは，特定の写真や動画等を見たYouTuberが示すリアクションがメインコンテンツとなっている動画のことで，YouTubeの中で人気のジャンルの一つです。

　リアクション動画では，特定の写真や動画等を見ている人が，どのような写真や動画を見て，どのようなリアクションをしたかということが，動画の要素として重要となるため，リアクション動画内では，アーティストの写真や動画，アニメの映像等が使用されるケースが非常に多いことになります。

② リアクション動画内で使用される写真や動画

　リアクション動画内で使用される写真や動画は，ほとんどのケースで，著作物であると考えられます。特に，リアクション動画でよく使用されるアーティストのミュージックビデオ（MV）やアニメの映像については，著作物に該当すると考えられ，それらを権利者に無断で使用してしまうと，原則として，著作権侵害となります。ただ，特定のケースでは，著作権侵害と判断されないケース（後記4）もあります。

③ 引　用

　著作権法では，権利者に無断で著作物を使用した場合でも，著作権侵害とはならずに使用できるケースが規定されています。具体的には，著作権法30条から47条の7で規定されています。これらは，著作権の制限といわれますが，リアクション動画との関係では，引用とみなすことができるかが大きなポイントとなります。

　引用については，著作権法32条1項で，「公表された著作物は，引用して利用することができる」とありますが，「この場合において，その引用は，公正な慣行に合致するものであり，かつ，報道，批評，研究その他の引用の目的上正当な範囲内で行なわれるものでなければならない」とされています。

　これを受けた，多数の裁判例によって実務的な判断基準が示され，適法な引用となるか否かの判断には，以下の4つの要件を満たす必要があるとされています。

---

①　公表された著作物であること（公表要件）
②　引用されていること（引用要件）
③　公正な慣行に合致するものであること（公正慣行要件）
④　正当な範囲内で行われること（正当範囲要件）

---

(1)　公表要件について

　引用される著作物については，公表された著作物である必要があります。具体的には，権利者が公表している場合や，権利者からライセンスを受けた者が公表している場合が考えられます。YouTubeのリアクション動画で使用されているアーティストのMVやアニメの動画は，公表要件を満たすと考えられます。

(2)　引用要件について

　引用要件については，さらに明瞭区分性と主従関係性（付従性）という2つに分けることができます。

　明瞭区分性では，引用部分にカギ括弧をつけるなどして，著作物が引用されている部分とそれ以外の部分が，明瞭に区別されている必要があります。

　主従関係性（付従性）では，引用されている部分が従であり，それ以外の部分が主といえるような関係である必要があります。リアクション動画の場合，例えば，引用されているMVやアニメの動画がワイプで小さく映されており，リアクションの様子がメインとなっている場合であれば，付従性を満たすと考えられます

(3)　公正慣行要件について

　公正慣行要件とは，引用方法が公正慣行に合致しているかどうかということです。

　公正慣行要件については，ケースごとに判断されることになり，一概にいうことはできませんが，裁判例では，出所の明示があるか否かが判断とされるようなケースがあります。そのため，リアクション動画の概要欄に，リア

クション動画内で使用される写真や動画の引用元を記載することが考えられ
ます。

(4)　正当範囲要件について

正当範囲要件を満たすというためには，引用との目的で，正当な範囲とい
える必要があります。例えば，リアクション動画と見せかけて，リアクショ
ン動画内で使用される写真や動画のアップロードが目的となっているような
ケースでは，正当範囲要件を満たさないと判断される可能性があります。

4　リアクション動画が著作権侵害とならない場合

リアクション動画の中で，他者が著作権を有する写真や動画を無断で使用
してしまうと，引用等に該当するようなケースを除いては，著作権侵害と
なってしまいます。

ただ，実際には，リアクション動画が，ある種の宣伝になっているという
側面もあり，著作権者が，著作権侵害を問題とせず，黙認するというケース
が多いのが実情です。そのため，リアクション動画の中には，厳密には著作
権侵害の状態で，YouTubeに投稿されているものも多くある状態になって
います。

● ● ●

著作権の制限　🔍

著作権法では，一定の「例外的」な場合に著作権等を制限して，著作権者
等に許諾を得ることなく利用できることを定めています（著30条〜47条の8）。
これは，著作物等を利用するときにいかなる場合であっても，著作物等を
利用しようとするたびごとに，著作権者等の許諾を受け，必要であれば使用
料を支払わなければならないとすると，文化的所産である著作物等の公正で
円滑な利用が妨げられ，かえって文化の発展に寄与することを目的とする著
作権制度の趣旨に反することになりかねないためです。ただし，利用に当
たっては，原則として出所の明示をする必要があることに注意を要します
（著48条）。著作権が制限されるのは，以下の場合です。

- 私的使用のための複製（30条）
- 図書館等における複製等（31条）
- 引用（32条）
- 教科用図書等への掲載（33条）
- 教科用拡大図書等の作成のための複製等（33条の2）
- 学校教育番組の放送等（34条）
- 学校その他の教育機関における複製等（35条）
- 試験問題としての複製等（36条）
- 視覚障害者等のための複製等（37条）
- 聴覚障害者等のための複製等（37条の2）
- 営利を目的としない上演等（38条）
- 時事問題に関する論説の転載等（39条）
- 政治上の演説等の利用（40条）
- 時事の事件の報道のための利用（41条）
- 裁判手続等における複製（42条）
- 行政機関情報公開法等における開示のための利用（42条の2）
- 国立国会図書館法によるインターネット資料及びオンライン資料の収集のための複製（43条）
- 放送事業者等による一時的固定（44条）
- 美術の著作物等の原作品の所有者による展示（45条）
- 公開の美術の著作物等の利用（46条）
- 美術の著作物等の展示に伴う複製等（47条）
- 美術の著作物等の譲渡等の申出に伴う複製等（47条の2）
- プログラムの著作物の複製物の所有者による複製等（47条の3）
- 電子計算機における著作物の利用に付随する利用等（47条の4）
- 電子計算機による情報処理及びその結果の提供に付随する軽微利用等（47条の5）
- 翻訳，翻案等による利用（47条の6）
- 複製権の制限により作成された複製物の譲渡（47条の7）

9　動画に写り込んだものと肖像権

🔍 キーワード

#肖像権　#肖像権侵害の基準　#肖像権侵害の成立要件　#撮影と公表

> **▶Q**　①他人が写り込んだ動画を投稿すると，あらゆる場合に肖像
> 権の侵害とみなされるのですか。②どのような動画であれば，
> 肖像権を侵害しないものとして投稿することができますか。

|◀　**Ⅱ**　▶|　🔊　　　　　　　　　　　　💬　⚙　🔲　▢　⟦⟧

▶A　①他人が動画撮影中に写り込んでしまったからといって，全てが
肖像権の侵害とみなされるわけではありません。ただし，写された
人の顔が特定できたり，その人が動画のメインになっていたりする等の場合
には，肖像権侵害に当たる可能性が高くなります。②写っている人の承諾を
得ることや，モザイク処理を行うなどして顔の特定をできなくすることによ
り，投稿することができます。

◀　**解　説**　▶

1　肖像権

　肖像権とは，特定の人の顔や容姿が，その人の許可なく，「撮影」された
り，「公表」されたりしない権利のことです。著作権などと異なり，明文化
はされておらず，「すべて国民は，個人として尊重される。生命，自由及び
幸福追求に対する国民の権利については，公共の福祉に反しない限り，立法
その他の国政の上で，最大の尊重を必要とする」という，日本国憲法13条の
幸福追求権を根拠として認められる権利であり，裁判によって確立されてき
た権利です。

2 肖像権侵害

　YouTubeやSNSに自分が写っている写真や動画を勝手に投稿された場合，肖像権侵害が成立する可能性があります。しかし，自分が写っている写真や動画を利用された場合に，必ず肖像権侵害が成立するというわけではありません。肖像権侵害がどのような基準で判断されるかを知っておくことは，YouTubeに動画を投稿しようとする人だけでなく，インターネット社会においては全ての人にとって重要です。

　「和歌山毒物混入カレー事件」の法廷において，勾留理由開示手続が行われた際に，雑誌カメラマンが，法廷にカメラを隠して持ち込み，被告に無断で，裁判所の許可を得ることなく，被告の写真を撮影しました。この写真が雑誌に掲載されたため，被告は，肖像権侵害に対する損害賠償を求めて裁判を提起しました。この肖像権侵害裁判は地方裁判所で原告（和歌山毒物混入カレー事件被告）勝訴，高等裁判所で原告敗訴となり，最高裁判所まで争われましたが，判決文の中で，撮影されることにつき，「ある者の容ぼう等をその承諾なく撮影することが不法行為法上違法となるかどうかは，被撮影者の社会的地位，撮影された被撮影者の活動内容，撮影の場所，撮影の目的，撮影の態様，撮影の必要性等を総合考慮して，被撮影者の上記人格的利益の侵害が社会生活上受忍の限度を超えるものといえるかどうかを判断して決すべきである」とし，撮影された写真の公表については，「人は，自己の容ぼう等を撮影された写真をみだりに公表されない人格的利益も有すると解するのが相当であり，人の容ぼう等の撮影が違法と評価される場合には，その容ぼう等が撮影された写真を公表する行為は，被撮影者の上記人格的利益を侵害するものとして，違法性を有するものというべきである」（最一小判平成17年11月10日民集59巻9号2428頁）として，撮影と公表に係る肖像権についての初めての判断を示しました。この判例が現在も，肖像権侵害の基準とされています。

3 肖像権侵害への対応

　私たちは，SNSが普及し，誰もが全世界に向けて情報を発信できる便利な

情報社会に生きています。しかしその一方で，YouTubeだけでなく，
TwitterやFacebook，InstagramなどのSNSにおいて，肖像権を侵害される
ケースが増えています。もし自分や家族の顔写真や氏名が他人によってみだ
りに公表された場合，どのような対応が可能でしょうか。

(1)　肖像権侵害と損害賠償請求

　肖像権侵害はプライバシーの侵害と同様，刑法で罰する規定はありません。
刑法には「肖像権侵害罪」という条文はありません。ただし，刑事上の責任
は発生しなくても，民事上の責任が発生し，民法709条の「故意又は過失に
よって他人の権利又は法律上保護される利益を侵害した者は，これによって
生じた損害を賠償する責任を負う」により，不法行為に基づく損害賠償請求
をすることが可能です。さらに，インターネット上での肖像権侵害であれば，
該当する記事や動画の差止め請求や削除請求も可能です。

(2)　肖像権侵害の成立要件

　肖像権侵害が成立するか否かについては，様々な事情が考慮されます。明
確に判断基準を打ち出すことは困難ですが，これまでの裁判においては，主
に，以下の要件により，判断されてきました。

①　被撮影者の顔を特定できるかどうか
②　被撮影者が写真や動画のメインになっているかどうか
③　写真や動画が拡散可能性の高い場所や媒体で公開されているかどう
　か
④　撮影や公開について被撮影者の承諾があるかどうか
⑤　撮影場所が撮影されることが予測できる場所であるかどうか

　①の「被撮影者の顔を特定できるかどうか」については，写っている人の
顔がよく分からない場合には，肖像権侵害とはなりません。肖像権侵害が認
められるためには，撮影された写真や動画において写っている人の顔が特定
できるもの，誰であるか分かるものであることが必要です。モザイク処理や
ぼかし処理をされて特定できない場合には，肖像権侵害にはなりません。
　②の「被撮影者が写真や動画のメインになっているかどうか」については，
写っている人が特定できるような場合でも，その人が写真や動画のメインと

して写っているわけではなく，社会生活上受け入れるべき限度を超えるとみなされない場合には，肖像権侵害とはならない可能性があります。YouTubeのロケ動画で，通行人が写り込んでいて顔が特定できるような場合でも，メインとなるYouTuberの背後に小さく，一瞬だけ写り込んでいるような場合であれば，肖像権侵害とみなされる可能性は高くないといえます。

　③の「写真や動画が拡散可能性が高い場所や媒体に公開されたかどうか」については，写真や動画が拡散可能性が高い，つまり多くの人の目に触れやすい場所や媒体に公開された場合は，肖像権侵害が認められる可能性が高くなるということです。YouTubeはもともと拡散可能性が高い媒体ですが，YouTubeでロケ動画を公開する場合には，その動画はYouTubeだけでなく，TwitterやInstagramなどのSNSで拡散される可能性も高いので，肖像権侵害とみなされる可能性がさらに高くなります。

　④の「撮影や公開について被撮影者の承諾があるかどうか」については，撮影や公開について被撮影者の承諾がある場合には，肖像権侵害とはなりません。ただし，承諾があったか，また，承諾がどの範囲まであったかという点について，当事者の間で意見の食い違いが生じることがあるので，承諾を得る際には，文書などで承諾の内容を明確にしておくことが必要です。また，大切なことですが，撮影についての承諾と公開についての承諾とは，別のものです。撮影を承諾しても，公開には承諾していなかったとなると，公開後に肖像権侵害を問われる可能性があります。きちんと説明して，撮影だけでなく，公開に関しても承諾してもらっておく必要があります。

　⑤の「撮影場所が撮影されることが予測できる場所であるかどうか」については，どこで撮影されたかによっても，判断は異なります。観光地の施設やイベント会場など，カメラなどで撮影されることがあらかじめ十分予測できるような場所の撮影の場合には，写り込んでいたとしても肖像権侵害を訴えるのは，難しくなります。これは，肖像権という権利が，プライバシー権の一種と理解されていることに関係しますが，プライバシー権とは，単純にいえば，通常他人に知られたくないことを公開されない権利です。ロケ動画などの写り込みの場合，「その人がその時そこにいた」という情報を含んでいます。例えば，テーマパークや昼間の繁華街であれば，「そこにいた」と

いう情報のプライバシー性は低く，その意味で「撮影されることが予測できる」といいやすいのですが，夜のラブホテル街や風俗街などの場合，「そこにいた」という情報のプライバシー性は高く，「撮影されることが予測できる」とはいいにくいでしょう。

　肖像権侵害が成立するか否かは，これらを総合考慮して判断されてきました。

④　肖像権侵害が認められた裁判例

　東京の最先端のストリートファッションを紹介するという目的で，銀座界隈を歩いていた原告女性の写真を無断で撮影し，ウェブサイトに掲載したことが肖像権の侵害に当たるとして，損害賠償請求が認容された事例があります。

　女性が着ていたのは，ドルチェアンドガッバーナがパリコレクションに出展した服で，胸に大きく赤い文字で「SEX」というデザインが施されていました。この写真が発表されると，2ちゃんねるの複数のスレッドからリンクが貼られ，「オバハン無理すんな，絶対ブラ見せるなよき分悪いから」，「胸に大きく『SEX』って書いた服を着たエロ女発見！」といった原告に対する下品な誹謗中傷が書き込まれ，スレッドからダウンロード・複製された写真が個人ウェブサイトで掲載されて拡散されました。

　撮影されていたことを知らなかった女性は写真が掲載され誹謗中傷されていることを友人から知らされ，すぐに抗議したため，写真はサイトから削除されましたが，個人のウェブサイトにダウンロードされて複製された本件写真のページに対してリンクが貼られ，原告に対する誹謗中傷が繰り返されました。

　女性が損害賠償を求めた裁判で，裁判所は，「何人も，個人の私生活上の自由として，みだりに自己の容貌や姿態を撮影されたり，撮影された肖像写真を公表されないという人格的利益を有しており，これは肖像権として法的に保護されるものと解される」とし，本件写真の撮影及び本件サイトへの掲載が原告の肖像権を侵害するか否かについて検討して，「本件写真は原告の

全身像に焦点を絞り，その容貌もはっきり分かる形で大写しに撮影されたものであり，しかも，原告の着用していた服の胸部には上記のような『SEX』の文字がデザインされていたのであるから，一般人であれば，自己がかかる写真を撮影されることを知れば心理的な負担を覚え，このような写真を撮影されたり，これをウェブサイトに掲載されることを望まないものと認められる」（東京地判平成17年9月27日判時1917号101頁）として，損害賠償請求を認容しました。

用語解説

🔍 < モザイク処理とぼかし処理

　画像の正方形の範囲の色を同じ色で塗りつぶすのがモザイク処理です。同じ色で塗りつぶす正方形の大きさによってモザイク画像の鮮明度が変わり，正方形が小さければ小さいほど鮮明度が上がります。正方形の中の点の色の平均を計算し，その色で正方形を塗りつぶすという方法がよく使われます。

　画像の中のそれぞれの点をぼかすのが，ぼかし処理です。点の色をぼかすには，その点の周りの色で点の色を平均化しますが，平均化する際に使う周りの点の数を増やせば増やすほど，ぼかしが強くなります。

法廷内での撮影 🔍

　裁判所の法廷で撮影が自由に認められると，被告人や証人に不当な圧力をかける手段となったり，法廷秩序を乱したりするおそれがあることが理由といわれていますが，法廷においては，秩序維持のため退廷を命じる権限が裁判長にあり，これに付随して録音撮影を禁止することができるとされています。

　日本新聞協会は，「法廷内カメラ取材の標準的な運用基準」（1991年1月1日）を定め，「法廷内カメラ取材は，裁判所又は裁判長が，事件の性質・内容，その他諸般の事情を考慮して，許可するものとする」，「撮影は，刑事事件においては，被告人の在廷しない状態で行う」等とし，また，「特定の人物（裁判官を除く。）の拡張・拡大写真を撮影すること」，「傍聴席にいる特定の者を個別的に撮影対象とすること」を禁止しています。

10 YouTubeでのライブ配信中の写り込み

🔍 キーワード

#著作権　#改正著作権法　#写り込み　#付随対象著作物　#分離困難性

▶Q　①YouTubeでライブ配信中に，たまたまキャラクターなどが小さく写り込んでしまいました。その場で配信を止めなければならないでしょうか。②キャラクターなどが写り込んだままで配信したライブ配信を「アーカイブ」（動画）として公開し，視聴者が後から見返せる状態にできますか。

▶**A**　①著作権法の改正により，意図せずに著作物であるキャラクターなどが背景に小さく写り込んでしまったような場合には，その撮影した写真やビデオを複製しても，原則として著作権侵害には当たりません。したがって，わずかに写り込んでしまった場合は法的には問題ありません。しかし，YouTubeから著作権侵害の警告が届く可能性があるので，すぐに写り込まないよう措置を講じるとよいでしょう。②YouTubeから警告が届く可能性があるので，アーカイブの公開をする場合にはその部分を消すなどの編集を行う必要があります。該当部分の編集を行うことでアーカイブを公開することができます。

 解　説

　2020年6月5日に，改正著作権法が成立しました。改正目的には，「インターネット上の海賊版対策強化」や「著作権の適切な保護を図るための措置」等も含まれていますが，本書と関係が深いのは，「社会の変化に応じた著作物の利用の円滑化」の一つである「写り込みに係る権利制限規定の対象範囲の拡大」です。

1　著作権法と写り込み

　著作物を創作したり利用するに際して，例えば街頭での写真撮影やビデオ収録に当たり，著作物であるキャラクターが写り込んだり，音楽が入り込んだりといったことは，日常的に起こっており，これを避けることは非常に困難です。また，そうした写真や動画をSNSや動画投稿サイトに投稿することも，日常的に行われてきました。

　これらの行為は，他人の著作物を許諾なく複製し，インターネット配信その他の方法で伝達する行為なので，複製権その他の著作権を侵害する可能性がありました。しかし，その著作物の利用を目的としない行為に伴って付随的に生じる利用であり，権利者に与える不利益がほとんどない，若しくは軽微なものである「写り込み」までが著作権侵害とされたのでは，表現行為が著しく制限され，文化の発展という著作権法の本来の目的を阻害しかねません。

2　2012年の著作権法改正と写り込み

　このため，写真の撮影等の方法によって著作物を創作するに当たっては，当該著作物（写真等著作物）に係る撮影等の対象とする事物等から分離することが困難であるため付随していた他の著作物（付随対象著作物）は，当該創作に伴って複製又は翻案することが侵害行為に当たらないこと（著30条の2第1項），また，複製又は翻案された付随対象著作物は，写真等著作物の利用に伴って利用しても侵害行為に当たらないこと（著30条の2第2項）が，2012年の著作権法改正により，明確にされました。

　ここで，「分離することが困難である」とあるのは，ある著作物（写真等著作物）を創作する際に，創作時の状況に照らして，付随して対象となった他の著作物（付随対象著作物）を除いて創作することが社会通念上困難であると客観的に認められることがポイントでした。

　また，「付随対象著作物」については，撮影後に画像処理等により「付随対象著作物」を消去することが可能な場合が考えられますが，著作権法30条の2第2項では条文上「分離することが困難であること」を要件としていないので，「付随対象著作物」を「写真等著作物」から分離することが可能であっても，著作権者の許諾を得ることなく利用することができました。

　これが，2012年著作権法改正により初めて規定された，2020年の改正前の著作権法30条の2の「付随対象著作物の利用」であり，いわゆる「写り込み」に係る権利制限規定です。この2012年改正では，写真の撮影，録音又は録画（写真の撮影等）の方法によって著作物を創作するに当たって，他人の著作物が写り込んだ場合のみを対象とするなど，適法とされる利用範囲は，限られたものでした。

3　2020年の著作権法改正と写り込み

　しかし，2012年の著作権法改正後，スマートフォンやタブレット端末等の急速な普及や，動画投稿・配信プラットフォームの発達など，社会実態が大きく変化している中で，従来の規定では不都合が生じる場面が顕在化してき

たことから，スクリーンショットや生配信を行う際の写り込みも対象に含めるなど，規定の対象範囲の拡大を行うことが要請されるようになりました。

そこで，2020年に著作権法が改正されたのですが，写り込みに関する主な改正点は，以下のようなものになりました。

① 適法とされる行為の範囲の拡大
② 適法に利用できる著作物（付随対象著作物）の範囲の拡大
③ その代わり，その利用は「正当な範囲内」に限られる

①の行為の範囲については，改正前の著作権法30条の2では，「写真の撮影，録音又は録画」のみであり，「著作物を創作する」行為である必要があり，複製の範囲内でした。

これが，改正後には，「事物の影像又は音を複製し，又は複製を伴うことなく伝達する行為」（複製伝達行為）となり，創作行為である必要は不要となり，公衆送信，演奏，上演など，方法を問わずに利用できるようになりました。行為の範囲が広がることにより，写真の撮影，録音及び録画に限らず，複製伝達行為全般が適用対象となったので，ドローンを利用した生配信やスマートフォンのスクリーンショット，コピー＆ペースト，模写，CG化などの行為も写り込みによる権利制限の対象に含まれることになります。また，新たに著作物を創作する場面で他の著作物が写り込む場合という限定がなくなったので，固定カメラによる撮影や生配信など，創作性が認められないとされるものについても，著作権法30条の2が無制限に適用されることになりました。

②の付随対象著作物の範囲については，改正前の著作権法30条の2では，分離困難である場合に限られ，撮影対象の事物又は音から「分離することが困難であるため」，他の著作物が付随して写り込んだ場合でなければ権利制限を受けられない，つまり著作権侵害になるとされていました。この分離困難性という要件は，「物理的に分離困難であることではなく，その著作物を除いて創作することが社会通念上，客観的に困難であることを意味する」と解されていたので，この要件によって結論が分かれる場合が多くありました。しかし，改正により「正当な範囲内」であれば利用可能となったので，改正

前の著作権法30条の2の"メインの被写体と付随著作物の分離の困難さ"という要件は不要となり，分離困難かどうかは「正当な範囲内」かどうかという要件の判断において考慮されることとなりました。例えば，メインの被写体に付随する著作物であるなら，分離が困難でない，子どもが抱いたぬいぐるみも対象となるので，日常生活において一般的に行われる行為に伴う写り込みが幅広く認められることとなりました。また，被写体の一部を構成する事物や音の取扱いについては明らかでなかったのですが，改正により，これらも「付随対象著作物」に含まれ得ることが明記されました。

　③の正当な範囲内については，これまでは条文上の規定はなかったのですが，改正により，「写り込み」の利用が「正当な範囲内」での利用に限られることが明記されました。分離困難性を不要としたことで，著作権侵害が成立しないと判断され得る「写り込み」の範囲が広がったことになりますが，それにより著作権者の利益が不当に害されることになると，写り込みの正当化根拠を逸脱することになってしまいます。そこで，「利益を得る目的の有無，当該付随対象事物等の当該複製伝達対象事物等からの分離の困難性の程度，当該作成伝達物において当該付随対象著作物が果たす役割」が，「正当な範囲内」であるかどうかを判断する際の考慮要素として示されています。改正後は，「正当な範囲内」という要件の下で，個別事案に応じて柔軟に判断されていくこととなります。

　2020年の著作権法改正で，日常生活において一般的に行われ得る行為に伴う「写り込み」が，幅広く認められることとなりました。YouTuberにとっても，引き続き著作権者の利益を不当に害することなく，著作物の利用の更なる円滑化が進むことが期待されます。

2020年著作権法改正

　改正の目的は，ここで取り上げた「社会の変化に応じた著作物の利用の円滑化」と，「海賊版被害への早急な対応」，「著作権の適切な保護」でした。

　「海賊版被害への早急な対応」については，海賊版コンテンツによる被害が深刻であり，クリエイター・コンテンツ産業への損害は膨大ものとなっていることが背景として考えられます。改正前の著作権法でも，「著作権者の許可なく著作物（全般）をアップロードすること」，「違法アップロードされた音楽・映像を違法アップロードであることを知りながらダウンロードすること」は違法でした。しかし，違法コンテンツへのリンクを集約したリーチサイトや，違法アップロードされた書籍・漫画・論文・コンピュータープログラムについてダウンロードが行われるような場面に対しての対策は不十分なものでした。こうした場面にも対応するため，リーチサイト対策およびダウンロード違法化・刑事罰化を柱とした法整備を行い，海賊版被害の拡大を防止し，産業の振興及び著作権法の目的である「文化の発展」を図ることが2020年改正の目的の一つです。

　また，改正前の著作権法では，「著作権侵害訴訟における証拠収集手続が不十分で，適切な権利保護がなされないことがあり得る」ことや，「コンテンツ提供に関するライセンス認証について不正利用を防止するアクセスコントロールについて現行著作権法では十分な保護ができない」ことなど，権利保護に関して不十分な面が残っていました。そこで，今回の改正により，制度の改善を図り，著作権の適切な保護を行うことが目的とされました。

11　撮影方法が不適切な動画とその問題点

🔍 キーワード

#住居侵入等罪　#不退去罪　#軽犯罪法違反　#著作権　#肖像権
#パブリシティ権　#インスタ映え

> ▶Q　　①許可されていない場所で撮影してしまった場合どのような
> 法的な問題が生じますか。②店頭で買い物の様子を撮影する場
> 合には，誰からどのような許可を取得すればよいですか。③隠し撮りで
> あることを認識しながら，違法な運営をしている店に潜入して撮影した
> 動画の公開は違法となりますか。

▶A　　①住居侵入罪（刑法130条前段），不退去罪（同条後段），軽犯罪法違
反に該当する可能性があります。②店舗の管理者の許可を得れば上
記犯罪は成立しませんが，撮影の際に，自分以外の客のプライバシー権や肖
像権等を侵害しないように注意する必要があります。

　③撮影行為自体が違法であっても，そのことをもって直ちに動画が違法と
はなりません。ただし，客引きや店員の顔を含む外見を撮影し，その動画を
YouTubeに投稿すると，被撮影者の肖像権等を侵害し，違法となる可能性
があります。

解　説

1　イベント会場や観光地での撮影と公開

　イベント会場や観光地では，「撮影・録画は禁止です」という表示や，ア
ナウンスに接することが度々あります。こうした「禁止」にはどのような根

拠があるのでしょうか。また，コンサート会場などで「カメラの提出」や「画像の消去」を求められたら，応じなければならないのでしょうか。

2 撮影や録画禁止の法的根拠

撮影や録画を禁止する法的根拠については，「著作権・著作隣接権」，「肖像権・パブリシティ権」，「施設管理権」，「契約」の４つを考えることができます。

(1) 著作権・著作隣接権

撮影や録画を禁止するもっとも一般的な理由は，著作権です。舞台やコンサート，美術展では大抵「著作権」が問題となり，出演者にはしばしば「著作隣接権」があります。著作物であれば，無許可で撮影や録画はできません。著作隣接権の場合，撮影には許可は必要ありませんが，録画には許可が必要となります。

もちろん，著作権が切れているような古い名画などでは著作権は問題になりませんし，著作権法30条１項では，著作物は「個人的に又は家庭内その他これに準ずる限られた範囲内において使用すること」を目的とする複製は，許されています。また，屋外の場所に恒常的に設置されている美術著作物や建築著作物は，同法46条により，撮影も録画も基本的に自由です。

(2) 肖像権・パブリシティ権

「肖像権」も問題となります。肖像権とは，本人の許可なく自分の顔や姿態を「撮影」されたり，「公表」されたりしない権利のことです。肖像は，個人の人格の象徴なので，人は，「人格権に由来するものとして，これをみだりに利用されない権利を有すると解される」（最一小判平成24年２月２日判時2143号72頁）のですが，他人を撮影すれば必ず肖像権侵害になるというわけでないことは，既に，解説しました（Q10）。

パブリシティ権とは，著名人等の肖像・氏名等の識別情報が，これに関連付けられた商品などについて顧客誘引力ないし販売促進効果を発揮する場合に，その識別情報が有する経済的利益ないし価値（パブリシティ価値）を当該著名人が独占的に支配する権利をいうと理解されています。パブリシティ権

としての肖像権は，肖像の有する経済的な価値（顧客吸引力等）を無断で営利目的利用されない権利を指すので，例えば屋外の公開イベントに出演中のタレントを個人の楽しみのために撮影したとしても，法的な侵害は成立しない可能性が高くなります。ただし，マナーの問題として，節度を保つべきだとはいえます。

(3)　施設管理権

「施設管理権」も問題となり得ます。これは建物や敷地の所有者・管理者に法的に認められる権利で，例えば施設内での迷惑行為を禁じたり，そういう行為を行った利用者に退場を要請できたりする権利です。場内アナウンスで「他のお客様の迷惑になり，また演出の妨げになりますので，撮影はお控えください」などとアナウンスしているのは，この施設管理権に基づいています。イベント会場や観光地に限らず，レストラン等での料理の撮影などにも共通する問題ですが，実際には，微妙な問題が含まれ，判断が難しい場合が多くあります。裁判例も，集会に用いる公共の施設における判断では，公共性を理由に国民・住民の自由な利用が原則であるとしつつ，管理者による管理権を認めています（最三小判平成7年3月7日判時1525号34頁）。

民間の施設等においては，特に制限のない施設管理権が認められており，例えば，施設管理権の一環として，「施設内での撮影を禁止する」ことは可能であり，この場合，無断で撮影した場合には，施設管理権を侵害したことになります。撮影を許可している場合でも，この施設管理権に基づき，申請などを求めることもできます。例えば，東京都建設局は「都立公園等での撮影について」で，「ご家族などの記念写真や風景写真を撮影する場合は，公園へ申請せずに撮影することができます」としつつ，「公園の一定の場所を一定の時間，排他的，独占的に使用するような場合」，例えば「テレビ・映画の撮影，モデル撮影会，宣伝用ポスター撮影など」には，申請が必要であるとしています。

(4)　契　約

最後に，「契約」の内容が問題となります。そもそもイベントや舞台のチケット販売は，「入場契約」です。チケットの裏面に「撮影禁止」と書いてあるという程度で契約といえるか否かは難しいところですが，オンラインで

のチケット購入時に「販売規約」をクリックして明瞭に同意している場合，そこに「無断撮影禁止」と書いてあったら，一般的な内容でもあるので，有効とされる可能性が高くなります。

　会場の入り口に大きく「撮影禁止」と表示されていて，それを見ながら入場した場合には，同意した者だけが入場を許されると理解されるので，「撮影しないという合意」があったとみなされる可能性が高くなります。反対に，撮影についての有効な合意がある場合でも，どの範囲まで，どういう条件で許可していたのかが問題となります。あらゆる行為が許可されるわけではありません。

3　公開などの利用

　撮影や録画を禁止する法的根拠については，上記の4つを指摘することができますが，その後のインターネット上での公開などの利用はどうなるのでしょうか。

　著作権は，公開に規制が及びます。SNS等でも限られた友人にしか見せないような場合であれば，私的複製やその延長上のいわゆる「寛容的利用」として許される場合があり得ますが，YouTube・Twitter・ブログで著作物を一般公開した場合には，公衆送信となるので，著作権侵害となります。

　肖像権・パブリシティ権も法的問題となる可能性があり得ます。人物が特定できるような画像の場合には，人物を特定できないように編集しておかなければ，肖像権侵害で訴えられる可能性があります。

　施設管理権に関しては，世界遺産である平等院鳳凰堂（京都府宇治市）の写真を使ったジグソーパズルを無断で販売したとして，平等院が玩具会社に販売停止などを求めた事例があります。鳳凰堂の写真を切り刻んでいるので，宗教的人格権の侵害として争うことも考えられたのですが，結局，和解が成立しました。

　契約は，内容次第であるといえます。無断撮影や，撮影物の後日の利用がはっきり禁止されている場合には，その違反は損害賠償の請求対象になる可能性があるといえますが，禁止事項が明確に書かれていなければ，「契約の

履行請求」として公開の停止などを裁判で求めることはできません。会場で撮影者のカメラを預かったり，撮影データの消去を求めたりする行為については，著作権法上は"侵害による作成物の廃棄請求権"（著112条2項）があるので可能ですが，実力行使はできません。任意で提出してもらったり，消去してもらったりする運用にとどまるべきです。ただし，入り口の手荷物検査を拒否したり禁止しているカメラが発見されたりしたのに無理に入場しようとする入場者を押しとどめたり，迷惑行為を繰り返すのに制止してもやめない入場者を強制退場させるのは，ある程度までは許される場合があると考えられています。

4　SNSの広がりと広告効果

　東京国立近代美術館や国立西洋美術館のように，条件付きではありますが，「写真撮影，拡散OK」という美術館や博物館が増えてきました。「インスタ映え」が2017年の流行語大賞になりましたが，写真撮影OKにしたところ，Twitterのフォロワーへ拡散し，来場者数が大幅に増加したという例もあります。興味や趣味が似通ったユーザー同士が集まりやすいSNSの特徴を利用すれば，莫大な広告費をかけたメディア広告よりも効率の良い広告効果を得ることができるのでイベント会場や観光地での撮影や公開も，動画は難しくても写真撮影はOKという例が増加すれば，多くの人がより楽しめることになるでしょう。

> ### コラム／～東京国立近代美術館～
>
> 　東京都千代田区北の丸公園内にある本館と，かつて公園内にあった旧工芸館が移転した石川県金沢市にある国立工芸館から構成されます。
> 　明治時代後半から現代までの近現代美術作品（絵画・彫刻・水彩画・素描・版画・写真など）を随時コレクションし，常時展示した初めての美術館であり，それまで企画展等で「借り物」の展示を中心に行われていた日本の美術館運営に初めて「美術館による美術品収集」をもたらしました。
> 　「よくある質問」では，「Q：作品の模写・撮影（含デジタルカメラ）はで

きますか？」に対し，「Ａ：模写はご遠慮いただいております。（……）著作権保護等のため一部撮影をお断りしている作品もありますのでご了承ください（作品横に撮影禁止のマークを掲示しております）。（……）なお，企画展での撮影は，借用の際の契約上原則的に禁止されております。」とあり，「Ｑ：美術館で写真を撮りました。この写真を利用してもよいでしょうか？また，ホームページに掲載されている作品の画像を利用することはできますか？」に対し，「Ａ：ご自身で撮影された写真は，以下の点にご留意ください・営利目的にはご利用になれません／・変更を加えることはできません／・作品の写った写真を利用する際，著作権法に触れる場合がありますのでご注意ください。本ウェブサイトに掲載されている作品の画像は，ご利用いただけません。」とあります。(https://www.momat.go.jp/am/)

12　ドローンによるライブ配信への法規制

🔍 キーワード

#ドローン　#民法　#航空法　#道路交通法　#小型無人機等飛行禁止法
#電波法　#各種条例

▶Q　①無線操縦で飛行する小型無人機，いわゆるドローンを使用してライブ配信を行うことには，どのような法的問題に注意すべきですか。②飛行を禁止されている区域とは，どのような区域のことを指すのでしょうか。

▶**A**　　①ドローンを使用したライブ配信では無作為に不特定多数の人を写し，他人の人権や財産などを侵害してしまうことで，不法行為として損害賠償を請求されてしまう可能性があり，ドローンを利用してライブ配信を行う場合には，注意をする必要があります。また飛行禁止区域が指定されているため，飛行禁止区域の確認が必要ですし，他の多くの法律も関与します。②飛行禁止区域とは，具体的には，空港周辺，ヘリポート周辺，地表又は水面から150m以上の高さの空域等であり，人家密集地域の上空での飛行等には，国土交通大臣の許可が必要となります。

解　説

ドローンで行われる動画撮影が増えてきました。ドローンでの動画撮影では，通常のビデオカメラなどでは撮影が難しい映像を撮影することができます。例えば，以前であればヘリコプターなどに乗って撮影をするしかなかった山や海の景色を上空から撮影することができます。YouTubeでも，ドローンを使用したライブ配信をよく見かけるようになりました。

1　ドローンと法律との関係

ドローンは，撮影が困難な場所の撮影，被災地など配達が難しい場所への荷物の配達，農薬の散布，自動での荷物の配送など，様々な場面での活躍が期待されていますが，以下の法律等との関係が問題となります。

①民法，②航空法，③道路交通法，④小型無人機等飛行禁止法，⑤電波法，⑥各種条例

(1)　民法との関係

ドローンを利用してライブ配信を行う場合には，広い範囲の撮影が可能となるので，様々なものが写り込む可能性があります。そのため，他人の肖像権やプライバシー権を侵害してしまう可能性が生じます。また，ドローンを墜落させてしまった場合には，他人が所有する建物や車を損壊してしまった

り，他人にけがをさせてしまったりする可能性もあります。

　他人の人権や財産などを侵害してしまうと，「故意又は過失によって他人の権利又は法律上保護される利益を侵害した者は，これによって生じた損害を賠償する責任を負う」という不法行為による損害賠償（民法709条），「他人の身体，自由若しくは名誉を侵害した場合又は他人の財産権を侵害した場合のいずれであるかを問わず，前条の規定により損害賠償の責任を負う者は，財産以外の損害に対しても，その賠償をしなければならない」という財産以外の損害の賠償（民法710条）を請求される可能性が生じます。

(2)　航空法との関係

　航空法とは，航空機の航行の安全及び航空機の航行に起因する障害の防止を図るための方法を定めた法律です。この航空法では「無人航空機」を，「航空の用に供することができる飛行機，回転翼航空機，滑空機，飛行船その他政令で定める機器であつて構造上人が乗ることができないもののうち，遠隔操作又は自動操縦（プログラムにより自動的に操縦を行うことをいう。）により飛行させることができるもの」としていますが，2022年6月20日から登録されていない100g以上の無人航空機を飛行させることができなくなり，100g以上の機体は航空法の規制対象となりました。

　また，航空法では，「何人も，次に掲げる空域においては，無人航空機を飛行させてはならない」として，「飛行の禁止空域」（航空法132条）が以下のように規定されています。

①　無人航空機の飛行により航空機の航行の安全に影響を及ぼすおそれがあるものとして国土交通省令で定める空域
②　前号に掲げる空域以外の空域であつて，国土交通省令で定める人又は家屋の密集している地域の上空

　これに該当する場所でドローンを使用しライブ配信を行う場合には，事前に国土交通大臣の許可を得る必要があることになりますが，具体的には，空港周辺，ヘリポート周辺，地表又は水面から150m以上の高さの空域などでは，国土交通大臣の許可が必要となります。また，人家密集地域の上空での

飛行についても，国土交通大臣の許可が必要になります。どのような地域が人家密集地域となるかは，5年ごとに実施される国勢調査の結果から設定されます。人家密集地域については，「e-Stat 政府統計の総合窓口『地図による小地域分析（jSTAT MAP）』」で確認することが可能なので，ドローンを使ってライブ配信を考えている場合には，事前に確認するとよいでしょう。

　また，航空法では，飛行の方法についても規定されており（航空法132条の2），夜間の飛行，目視外での飛行，第三者から30m未満の距離での飛行，催しが行われている場所の上空での飛行，危険物の輸送のための飛行，物件の落下のための飛行を行う場合には，国土交通大臣の承認が必要とされています。そのため，ドローンを使用してライブ配信を行う場合には，事前に承認を得ることが必要になります。

(3)　道路交通法との関係

　ドローンは，道路ではなく道路上空を飛行するので，原則としては，道路交通法上で規定されている道路の使用許可等は必要ありません。

　ただし，「道路において祭礼行事をし，又はロケーションをする等一般交通に著しい影響を及ぼすような通行の形態若しくは方法により道路を使用する行為又は道路に人が集まり一般交通に著しい影響を及ぼすような行為で，公安委員会が，その土地の道路又は交通の状況により，道路における危険を防止し，その他交通の安全と円滑を図るため必要と認めて定めたものをしようとする者」（道路交通法77条1項4号）に該当する場合には，管轄する警察署長の道路使用許可を得る必要が生じます。ドローンを用いてライブ配信を行う場合，人気がある配信者の場合であれば，ファンが集まり，一般交通に著しい影響が生じるということが考えられます。そのため，ドローンを使用してライブ配信を行う場合には，事前に道路の使用許可を得る，又は，道路交通法77条1項4号に該当しないようなライブ配信を行うことが必要になります。

(4)　小型無人機等飛行禁止法との関係

　ドローンに関する法律として，小型無人機等飛行禁止法（正式名称「重要施設の周辺地域の上空における小型無人機等の飛行の禁止に関する法律」（平成28年法律第9号））があります。

　この法律では，小型無人機については，「飛行機，回転翼航空機，滑空機，飛行船その他の航空の用に供することができる機器であって構造上人が乗ることができないもののうち，遠隔操作又は自動操縦（プログラムにより自動的に操縦を行うことをいう。）により飛行させることができるものをいう」（小型無人機等飛行禁止法2条3項）とされていますが，ドローンは，この定義に該当するので小型無人機といえ，小型無人機等飛行禁止法の適用を受けることとなります。

　小型無人機等飛行禁止法10条では，「何人も，対象施設周辺地域の上空において，小型無人機等の飛行を行ってはならない。」と規定されていますが，「対象施設」とは，例えば，以下の施設をいい，対象施設周辺地域とは，対象施設及びその周囲おおむね300mの周辺地域上空のことをいいます。

- 国会議事堂
- 内閣総理大臣官邸並びに内閣総理大臣及び内閣官房長官の公邸
- 特定の対象危機管理行政機関の庁舎
- 最高裁判所の庁舎であって東京都千代田区隼町に所在するもの
- 皇居及び御所であって東京都港区元赤坂二丁目に所在するもの
- 特定の政党事務所として指定された施設
- 特定の外国公館等として指定された施設
- 特定の原子力事業所として指定された施設

　ただし，例外的に以下の場合には，小型無人機等飛行禁止法の規定は適用されません。

- 対象施設の管理者又はその同意を得た者による飛行
- 土地の所有者等が当該土地の上空において行う飛行
- 土地の所有者の同意を得た者が，同意を得た土地の上空において行う飛行
- 国又は地方公共団体の業務を実施するために行う飛行

　なお，自衛隊の施設等の対象防衛施設及び対象空港の敷地又は区域の上空については，土地の所有者若しくは占有者が当該土地の上空において行う飛

行や国又は地方公共団体の業務を実施するために行う飛行であっても，対象施設の管理者の同意が必要となります。

(5)　電波法との関係

　ドローンを遠隔操作する場合，リモコンからドローン本体に電波を飛ばすこととなります。また，ドローンで撮影した映像などを送信するために，ドローン本体からも電波が出ています。そこで，電波法が関係してきます。電波法では，電波を利用する際には，国内の技術基準に合致する無線設備を使用する必要があります。また，原則として，総務大臣の免許や登録を受けて，無線局を開設することが必要となります（微弱な無線局や一部の小電力無線局は除かれます）。ドローンを用いてライブ配信を行う際には，使用するドローンがどのような周波数を発するドローンなのかを確認し，無線局の免許及び登録の必要がある場合には，総務大臣の免許や登録を受ける必要があります。詳しい基準は，総務省のホームページにある「電波利用ホームページ」に示されています。

(6)　各種条例との関係

　ドローンを使用してライブ配信を行う場合には，条例との関係にも留意する必要があります。例えば，東京都千代田区には，東京都立公園条例により禁止される都立公園はありませんが，区立公園22か所が千代田区都市公園条例により，児童公園24か所が千代田区立児童遊園条例により，千鳥ヶ淵ボート場が千代田区営千鳥ヶ淵ボート条例施行規則により，ドローン等の使用が禁止されています。ドローンを使用して公園からライブ配信を行いたいと考える人もいると思いますが，公園でのドローンの使用は，このように条例で禁止されている場合があるので，注意が必要です。条例についてもしっかりと確認することが重要となります。

　ドローンに関する条例については，国土交通省が「無人航空機の飛行を制限する条例等」のリストを公表していますから，ドローンを使用したライブ配信を考えている場合には参照するといいでしょう。

ドローン

　ドローンとは，遠隔操作又は自動操縦を行うことができる無人航空機体のことをいいます。ドローン（drone）という単語は，オスの蜂という意味があり，ドローンが飛行する際，蜂の羽音に似た音がすることなどから，ドローンと呼ばれるようになったといわれています。

　2022年6月20日より，重量100g以上の機体が「無人航空機」の扱いに変わり，飛行許可承認申請手続を含む，航空法の規制対象になりました。登録されていない100g以上のドローンを飛行させることができなくなり，また，識別するための登録記号を表示し，リモートID機能を備えなければならなくなっています。

免許及び登録を要しない無線局

　発射する電波が極めて微弱な無線局や，一定の技術的条件に適合する無線設備を使用する小電力無線局については，無線局の免許及び登録が不要です。ドローン等には，ラジコン用の微弱無線局や小電力データ通信システム（無線LAN等）の一部が主として用いられています。

　ラジコン用の微弱無線局は，無線設備から500mの距離での電界強度（電波の強さ）が200μV/m以下のものとして，周波数などが総務省告示で定められています。無線局免許や無線従事者資格が不要であり，主に，産業用の農薬散布ラジコンヘリ等で用いられています。

13 建築物の画像利用における注意点

🔍 キーワード

#著作権　#商標権　#施設管理権　#知的財産　#利用規約

> ▶Q　①建築物を撮影する場合，著作権侵害となる場合があるので
> しょうか。ビルや施設の外観の商用利用は認められていますか。
> ②施設内の撮影禁止区域で無断撮影した際はどのような権利を侵害する
> ことになりますか。

▶A　①建築物の撮影は，一般的には認められていますので著作権侵害には当たりません。建築著作物も著作権法においては，著作権者の承諾がなくても，写真や映画，アニメやゲーム，またグッズ等での利用が可能です。ただし，創作性が高く，「美術の著作物」にも該当するような建築物，例えば岡本太郎の「太陽の塔」等については，自由利用の範囲は制限されます。②建物や施設の所有者や管理者には，所有権に基づく「施設管理権」があります。施設内の迷惑行為や知的財産使用については，この施設管理権侵害に当たります。さらに，著作権や商標権を侵害している場合は，公開にも規制が及ぶこととなります。

解　説

1　建築物と著作権

施設外で行われた建築物の撮影については，一般住宅やビルなど，一般的な建造物については著作権を気にする必要はありません。建築物とは，住宅やビルだけでなく，劇場，神社，寺院，橋，庭園，公園，タワー等，各種建

造物全般を指すのが通例ですが，これらのうち，「思想又は感情を創作的に表現した」建築物は，建築の著作物として著作権が認められることになります。そこで，例えば，東京スカイツリーが創造的・美術的な建造物として著作物と判断された場合，写真撮影をすると複製権の侵害となるか否かについてが問題となります。そこで著作権法46条では，「美術の著作物でその原作品が前条第2項に規定する屋外の場所に恒常的に設置されているもの又は建築の著作物」に関して禁止行為として定められているのは，全く同じ意匠の建築物を作る行為と，土産物のような複製物を作って公衆に販売する行為等に限られています。つまりこれ以外の目的であるなら，著作物であっても，自由な利用が認められていて，写真を撮影することも，その写真を広告に使用することも，問題ないことになります。

　神社仏閣，城郭等の建造物も著作物となり得ますが，保護期間が満了済みのものが多いでしょう。ただ，著作者人格権は，保護期間の満了後も存続する可能性があります。著作者が生きている場合には，著作者人格権の侵害となるような行為は禁止（著60条）されますし，著作者の名誉や声望を害するような著作物の利用は，著作者人格権侵害とみなされる（著113条11項）可能性があるので，注意が必要です。

2　建築物と施設管理権

　建築物と施設管理権では，いくつか注意をしなくてはいけないポイントがあります。例えば，その写真が建築物所有者の敷地内での撮影であった場合は，建築物所有者の「施設管理権」が優先される場合があります。建物や施設の所有者や管理者には，所有権に基づく「施設管理権」があります。施設内の迷惑行為や知的財産使用については，この施設管理権に基づく制限があり得ますが，民間の施設等においては，特に制限のない施設管理権が認められているので，施設管理権の一環として，「施設内での撮影を禁止する」ことは可能です。

3　建築物と商標権，意匠権

　東京タワーや東京スカイツリーは，名称だけでなく，建物のシルエット等も商標登録しています。また，外観に識別力があれば，立体商標としても登録が可能であり，東京タワーや東京スカイツリーのようなランドマーク的な建築物については，識別力があることなどから，形状そのものが立体商標として登録されています。また，店舗外観についても，コメダ珈琲店等は立体商標として登録されています。

　商標権者は，無断使用者に対して差止め請求（商標法36条）や損害賠償請求（商標法38条）を行うことが可能です。ただし，商標のあらゆる使用を制限できるわけではなく，商標権は商標に含まれる「営業上の信用」を保護する制度なので，商標権の対象は営業上の信用のフリーライドなど，自他識別力を有するような使用（「商標的使用」といわれます）に限られます（商標法26条1項6号）。一方，商標登録されている建築物をコンテンツ上，単なる表現の一環として登場させることは，商標的使用に当たらないので，商標権侵害にはならない場合があります。映画やゲーム等に商標登録された建築物を表示したとしても，特に強調していなければ，商標権侵害とならない可能性もありますが，微妙で難しい判断が必要です。著作権侵害に注意が必要ですが，商標権侵害も重大な問題となる可能性があるというわけです。

　なお，2020年4月から，建築物も意匠登録の対象となり，屋上が公園になっている「ユニクロPARK横浜ベイサイド店」や「上野駅公園口駅舎」などの登録事例が出ています。

4　著作権と商標権

　無断撮影は施設管理権を侵害する可能性がありますが，さらに，著作権や商標権を侵害している場合は，公開にも規制が及ぶこととなります。

例えば，東京タワーのサイトには，以下のような記載があります。

ライセンス/撮影・取材について

　東京タワーのプロパティ（※）を用いた商品・サービス（NFTを含みます）の企画・製造・販売又は広告宣伝及び各種媒体における東京タワーのプロパティの使用につきましては，株式会社TOKYO TOWERの承諾が必要となります。　　　　　　　　　　　　　　　（https://www.tokyotower.co.jp/license/）

東京スカイツリーのサイトにも，以下のような記載があります。

東京スカイツリー　知的財産使用に関するお問い合わせ

　東京スカイツリーに関する知的財産（名称・ロゴマーク・シルエットデザイン・イメージCG等）は，東武タワースカイツリー株式会社等の著作権・商標権により保護されております。使用に関しては，東京スカイツリーのイメージ維持のため，東京スカイツリーライセンス事務局で管理しております。これら知的財産は事務局の許諾なしに使用することはできません。

（https://www.tokyo-skytree.jp/property/）

用語解説

🔍 < ランドマーク

　元の意味としては，探検家が探索中に，戻ってくるための目印のことでしたが，都市景観や田園風景において目印や象徴となる対象物を意味するようになり，歴史的，文化的に価値のある建造物や記念物などを指すようになりました。欧州や米国においては，ランドマークを保全する法律や団体が作られ，登録制度が普及していますが，日本でも，2004年に制定された景観法において，ランドマークになり得る景観重要建造物の保全規定が設けられました。

● ● ●

意匠登録 🔍

　魅力的なデザインは，市場での競争力を高める一方で，模倣の対象になり得ます。意匠制度は，新しく創作された意匠を創作者の財産と位置づけ，その保護と利用のルールについて定め，意匠の創作を奨励して，産業の発達に

寄与することを目的とする制度です。意匠権による保護を受けるためには，保護を受けようとする意匠について，特許庁に意匠登録出願をし，意匠登録を受けなければなりません。

　意匠法の保護対象となる「意匠」とは，物品の形状，模様若しくは色彩又はこれらの結合であって，視覚を通じて美感を起こさせるものをいい，物品の「部分」のデザインも「意匠」に含まれます。2020年4月からは，物品に記録・表示されていない画像や，建築物，内装のデザインについても，新たに意匠法の保護対象となりました。

14　ゲーム動画とMODの法的問題

🔍 キーワード

#MOD動画　#同一性保持権　#不正競争防止法

▶**Q**　①既存のゲームを編集，合成し，設定上あり得ないキャラクターやシナリオを作り出すMODを使用して「MOD動画」を作成した場合，法的に問題が発生するのでしょうか。②MOD動画を適法に配信することはできますか。

▶**A**　①MOD動画は，特殊なプログラムなどを用いてゲームに変更を加えており，法律上，「MOD動画の投稿者と，ゲーム会社との関係」と「MOD動画の投稿者と，MODによりゲームに登場させられたキャラクターの権利者との関係」が，問題となる可能性があります。②ゲームの権利者がMODの使用を認めている場合や，ゲームの権利者がゲームのMOD動画の公開を認めている場合には適法に配信できます。

◀ **解 説** ▶

　ゲーム実況動画は人気のジャンルですが，その中にいわゆる「MOD動画」が含まれます。

　このMOD動画は，特殊なプログラムなどを用いてゲームに変更を加えており，法律上の様々な問題があります。

1　MOD動画の法的な問題点

　ゲームのMOD動画の法的な側面を考える場合には，

① 　MOD動画の投稿者とゲーム会社との関係
② 　MOD動画の投稿者とMODによるゲームに登場させられたキャラクターの権利者との関係

が，問題となる可能性があります。

　このうちのゲーム会社との関係では，同一性保持権と不正競争防止法が問題となり得ます。

(1)　MOD動画の投稿者とゲーム会社との関係

ア　同一性保持権

　同一性保持権は，著作者の精神的側面を保護する著作者人格権の一つであり，「著作物及びその題号の同一性」を，「その意に反してこれらの変更，切除その他の改変を受けない」権利のことをいいます（著20条1項）。例えば，他人の著作物に勝手に線や色を書き加えたり，小説を書き替えたりして公表することは，著作者の人格的権利を侵害する行為です。

　ゲームのMOD動画を公開するということは，ゲームのソフトウェアにMODを追加することが前提ですが，追加行為は原則としてゲームの権利者の同一性保持権を侵害するものであり，有名な判例として，「ときめきメモリアル著作者人格権侵害訴訟」の最高裁判所判決があります。これは，原告が，ゲーム主人公のパラメータを，本来はあり得ない極めて高数値にすることができるメモリーカードを輸入して販売したものですが，最高裁判所は，

「本件メモリーカードの使用によって，本件ゲームソフトにおいて設定された
たパラメータによって表現される主人公の人物像が改変されるとともに，その結果，本件ゲームソフトのストーリーが本来予定された範囲を超えて展開され，ストーリーの改変をもたら」したとして，同一性保持権侵害を認めました（最三小判平成13年2月13日判時1740号78頁）。

イ　不正競争防止法

不正競争防止法は，営業秘密侵害や周知なマークの不正使用，原産地の偽装表示，形態コピー商品の販売等の，事業者間の「不正競争」を規制するとともに，国際約束に基づく禁止行為を定め，国民経済の健全な発展に寄与することを目的として制定された法律です。この不正競争防止法では，技術的制限手段を妨げる行為等が規制の対象になっています（不正競争2条17項）。技術的制限手段とは，音楽・映画・写真・ゲーム等のコンテンツの無断コピーや無断視聴を防止するための技術を指します。

不正競争防止法は2018年に改正され，技術的制限手段として保護される対象に，データ（電磁的記録に記録された情報）が追加されました。また，技術的制限手段を妨げる行為についても，効果を妨げる指令符号の譲渡，提供等や効果を妨げるサービスの提供が追加されることとなり，これにより，例えば，ゲームのセーブデータを改造することができるツールやプログラムの譲渡等が禁止されることとなりました（同法2条18項）。ゲームというコンテンツの保護の範囲が拡大されたので，ゲームのMOD動画を制作する場合でも，コンテンツの重要性を認識し，不正競争防止法に違反する者から，技術的制限手段を妨げるツールやプログラムの提供を受けないよう，配慮する必要があります。

(2)　キャラクターの権利者との関係

キャラクターについては，一般的に，頭の中にある思想や概念といった「アイディア」にとどまる場合には著作権は認められませんが，具体的に表現した場合には著作権が認められると考えられています。そこで，MODを利用してゲームに他人が作り出したキャラクターを登場させた場合，他人の表現物である著作物を無断で利用していることとなるので，原則として，複製権を侵害することになります。一方，MODを利用し，ゲームにオリジナ

ルのグラフィックやデフォルメ化されたグラフィックを利用する場合には，表現物であるキャラクターをそのまま利用しているわけではないので，複製権侵害とはなりません。ただし，翻案権侵害となる可能性は高いと考えられます。

2 MODの使用

MODは，使用することによってゲームのソフトウェアが使用できなくなってしまったり，ゲーム本来の設定や世界観を壊してしまったりする可能性があります。その反面，MODには，ゲームの遊び方が多様化するなどのメリットがあり，このため，ゲームの権利者がMODの使用を認めているケースがあります。

ゲーム権利者がMODの使用を認めている有名なゲームとしては，例えば，マインクラフトというゲームがあります。マインクラフトは，「サンドボックス（砂場）ゲーム」の代表的なもので，デジタル版のブロック遊びであり，冒険や採掘を分割画面なら4人まで，オンラインなら8人まで，様々なプレイスタイルで共に楽しめる，小学生から大人まで，大人気のゲームです。

このマインクラフトの「MINECRAFT 利用規約および エンド ユーザー使用許諾契約書」には，「Minecraft：Java Editionをご購入いただいた場合は，修正，ツール，プラグイン（「MOD」と総称します）を追加するかたちで，ゲームをいじったり改造したりすることができます」とあります。このようにゲーム権利者がMODの使用を認めている場合には，MODを使用しても，同一性保持権を侵害することにはなりません。

3 MODの公開

ゲームのMOD動画を公開するためには，MODの使用が認められていることに加えて，ゲームの動画を公開することについても許諾があることが必要になりますが，「MINECRAFT 利用規約および エンド ユーザー使用許諾契約書」には，「お客様は，本ゲームのスクリーンショットや動画を常識の

範囲内で任意の用途で使用できます」とあり，「『常識の範囲内で使用する』
とは，スクリーンショットや動画を商用利用したり，不当なことあるいは弊
社の権利に悪影響を及ぼすことを行ったりしてはならないことを意味しま
す」とあります。そして，「本ゲームの動画を動画共有／ストリーミングサ
イトにアップロードする場合は，動画に広告を掲載することが許可されてい
ます」ともあります。

　マインクラフトの場合には，このように，MODを使用することの許諾だ
けでなく，ゲーム動画の公開も許諾されているので，MOD動画を公開して
も違法にはなりません。どういう範囲で許諾がされているかについては，
ゲーム会社ごとに異なるので，自分が行おうとしている動画の公開態様につ
いて許諾がされているか否かを確認することが重要です。

用語解説

Q ＜ MOD動画

　MOD動画とは，変形という意味を持つ「modification」がその由来となっ
ており，断片的なデータやプログラム（MOD）をソフトウェアに追加するこ
とによってソフトウェアの動作を改変したゲームの動画のことをいいます。
MOD動画は，設定上有り得ないキャラクターを登場させたり，本来のシナリ
オを改変したり，ゲームに様々な変化を生じさせることができるので，動画投
稿サイトでは人気の動画コンテンツとなっています。

コラム ～ときめきメモリアル～

　1994年5月27日に，コナミ（現・コナミホールディングス）からPCエン
ジンSUPER CD-ROM^{2}向けに発売されました。家庭用一般ゲームにまだ
「恋愛シミュレーションゲーム」，「恋愛ゲーム」というものが定着してなか
った頃に発売されたゲームであり，この作品の大ヒットによりこの分野が
ジャンルとして一般化しました。

15　化粧品を紹介する場合に問題となる広告規制

🔍 **キーワード**

#薬機法　#広告　#誇大広告　#有効成分　#商品紹介動画

▶Q　①YouTubeで化粧品を紹介する場合には，どのような表現が違法になってしまうのでしょうか。②化粧品の紹介においては，どのようなことに注意すべきでしょうか。

▶A　①直接身体に付ける商品なので，化粧品の広告表現については，法に基づく一定のルールが定められており，「虚偽又は誇大な記事」の広告は，薬機法によって禁止されています。②化粧品の位置づけを理解し，許可されている広告の範囲を守る必要があります。

解　説

　化粧品等の販売をする場合，より多くの人に商品を購入してもらうためには，その商品のイメージ，成分，効能などの商品情報の良いところを広く

知ってもらう必要があります。ECサイトのランディングページ（LP）等でも，なるべくその商品を買いたくなるような表現が記載されています。

　しかし，化粧品のような直接，身体に付ける性質の商品には，法に基づく一定のルールが定められています。このルールを規定しているのが，正式名称「医薬品，医療機器等の品質，有効性及び安全性の確保等に関する法律（昭和35年法律第145号）」，いわゆる薬機法，改正前の旧・薬事法です。

1　薬機法による広告規制

　薬機法の定める一定のルールですが，例えば薬機法66条では，「何人も，医薬品，医薬部外品，化粧品，医療機器又は再生医療等製品の名称，製造方法，効能，効果又は性能に関して，明示的であると暗示的であるとを問わず，虚偽又は誇大な記事を広告し，記述し，又は流布してはならない」と，誇大広告を禁止しており，ECサイトのLP等ばかりでなくYouTubeの動画も，商品販売につなげる目的が明確であるならば，「広告」に含まれることになります。ただ，「虚偽又は誇大な記事」といわれても，非常に抽象的で，具体的に何がセーフで何がアウトかよく分かりません。そこで，この具体的な基準に関して，厚生労働省は，「医薬品等適正広告基準の解説及び留意事項等について」（2017年9月29日付け厚生労働省医薬・生活衛生局長通知。以下「通知」といいます）を発しており，実務上，この通知が「ルール」として機能しています。

　この通知には，ある程度具体的なルールが規定されています。例えば，病気を治す効果などをうたってはならない「化粧品」の場合，「毛髪のつやを保つ」，「フケ，カユミがとれる」，「フケ，カユミを抑える」といった表現はOKですが，「フケ，かゆみを防ぐ」といった表現は薬用化粧品の効能・効果の範囲となるのでNG，といった具合です。上記の薬機法の規定に比べると，細かく，かなり具体的だといえるでしょう。厚生労働省は，ホームページにおいてこの通知を基準として具体的な広告等の適法性を判断しており，都道府県などを中心に，違反に該当する広告を行った者に対し，記載内容の違反，不適正な字句や表現がないか等メールによる通報の呼び掛けを行うといった

監視や，指導なども行っています。

2　化粧品の位置づけ

化粧品については，薬機法において，保健衛生の向上を図るため，規制を行う対象として医薬品及び医薬部外品などとともに，その内容を規定しています。それによれば，化粧品とは，「人の身体を清潔にし，美化し，魅力を増し，容貌を変え，又は皮膚若しくは毛髪を健やかに保つために，身体に塗擦，散布その他これらに類似する方法で使用されることが目的とされている物で，人体に対する作用が緩和なもの」となります（薬機法2条3項）。

この規定によると，「化粧品」とは，「女性の顔に限らず，人の身体を美しく，魅力的にし，外見を変えるだけではなく，清潔にし，皮膚，髪の毛の健康を保つために，身体に擦り込む，スプレーなどで振りかけるといった方法で使われることを目的とされている物」であり，人の体に対するその物本来の目的の働きが，直ちに現れず徐々に進行する美容を目的として開発された商品をいいます。そこで，医薬品，医薬部外品といった，人又は動物の疾病の診断，治療又は予防に使用されることが目的とされているようなものは含まれません。

この定義に基づき，具体的には，シャンプー，リンスなどが化粧品に含まれます。その他の商品等の例については，東京都健康安全研究センターホームページの「化粧品の効果」にあります。

3　化粧品の広告

化粧品広告を行うに当たり，医薬品等と比して特徴的なのは，有効成分という記載ができないという点です。有効成分とは，医薬品などの目的である効果を表す成分のことです。化粧品の場合は，含まれている成分全体で使用感や効果を発揮するため，有効成分という言葉は使うことができません。

薬機法66条では化粧品の広告表現規制として，誇大な広告を禁止していましたが，ここでの「広告」とは，以下の全て要件を満たす場合であると，

1998年9月29日の「医薬監第148号厚生省医薬安全局監視指導課長通知」に定められています。

① 顧客を誘引する（顧客の購買意欲を昂進させる）意図が明確であること
② 特定医薬品等の商品名が明らかにされていること
③ 一般人が認知できる状態であること

　したがって，ある特定の商品名を分かるようにして，販売したいというはっきりとした目的で，広く一般の人に知らせるための方法を取った場合，それは広告という行為をしたといえます。例えば，LP，バナー，アフィリエイト，メールマガジン，メールなどで，単体の場合のみならず，リンク先の表示を加えた場合，リンク先の表示を含め，特定の商品名を明示し，顧客の購買意欲を昂進させる意図が明確に一般人に認知できる状態であれば，広告に該当します。YouTubeや個人のブログであっても同様です。

4　広告を規制される主体

　薬機法66条1項（及び3項）にある「何人」とは，製造販売業者，製造業者，又は販売業者などをはじめ，全ての者をいいます。また，これらの者から単に依頼を受けて，YouTubeやテレビ，新聞，雑誌，インターネットなどの媒体を通して広告を行った場合，それらの媒体などはこの規定に違反したことになります。例えば，化粧品を作り売っている化粧品ブランド企業はもちろんのこと，その企業から依頼を受けて，ある新聞に誇大広告を掲載した新聞社も規定に違反したことになります。

　さらに，薬機法66条2項には，「医薬品，医薬部外品，化粧品，医療機器又は再生医療等製品の効能，効果又は性能について，医師その他の者がこれを保証したものと誤解されるおそれがある記事を広告し，記述し，又は流布することは，前項に該当するものとする」とありますが，この「その他の者」のうち，化粧品については，理容師及び美容師なども含まれています。つまり，医薬品などの広告の中で，化粧品についてのみ，理容師及び美容師がする広告について保証禁止事項が規定されているという特徴があります。

　化粧品広告についての保証にのみ理容師及び美容師を含めて解釈することについては，「理容師及び美容師」という職名が，厚生労働大臣の指定する各養成施設の課程を修了し，理容，美容及び衛生に関する内容の試験に合格して得られることから，それらの促進を目的とする「化粧品」について，専門性が認められており，"効能，効果又は性能に関し，人々の認識に相当の影響を与える者"に当たることが理由として考えられます。したがって，理容師及び美容師の化粧品広告は，原則的に広告行為を行うことそれ自体が薬機法66条2項にいう「保証したと誤解されるおそれ」が高くなることから，誇大広告等といえるものとされ，認められないと考えるのが一般的でしょう。もっとも，以下については「保証した」には当たらないと考えられます。

- 商品製造会社の歴史や由来について紹介すること
- 髪を洗うこと
- セットの後に首筋に塗るなどの行為によって，一般人が心地よく感じるという結果が生じること

5　誇大広告

　広告が虚偽又は誇大であるかどうかの判断は，「通知」を判断・指導の基準として行います。この基準は，薬機法66条をより具体化するために，"広告の内容が，虚偽誇大にならないようにするとともに，不適正な広告をなくし，一般消費者等が医薬品等に対し，誤った認識を持つことがないよう，広告の適正化を図る"という目的の下，作られたものです。

　厚生労働省のホームページ「医薬品等の広告規制について（1．関係法令（課徴金の納付義務等））」の〔解説〕には，「具体的判断は個々の事例について行われます」と書いてありますが，それは，通知にあるような「医薬品等の広告をめぐる環境の変化」により，例えば，媒体の性質，工夫などで様々な効果が表れる可能性があることから，同じ文言でも一律に「違反に当たらない」とは判断しないことを意味しています。

　「記述し又は流布してはならない」については，記述や流布に限らず，お

よそ一般の人に広く知らせるための方法の全てが禁止の対象になると理解されています。YouTubeにおける商品紹介動画はもちろんですが，ECサイトのLPに記載して見せるという方法は，明らかに「記述」に該当しますし，セールストークマニュアル等で，販売員が情報共有し，一般人に口頭で説明するような場合も含まれます。

用語解説

🔍 < ランディングページ（LP）

　本来はサイト上でユーザーが最初に訪問したページを指しますが，ウェブ業界では，一般的に広告施策用に制作されたウェブページ，1枚の長いページに情報が詰め込まれたページを指します。

　LPは，検索エンジンによる流入ではなく，広告からの流入先となることが多いページです。検索からの流入の場合，目的を持って訪れるユーザーが多いため，彼らはウェブサイトから情報を得ようとします。しかし，LPに流れてくるユーザーの多くは広告から訪れるため，滞在時間を長くし，商品やサービスについてよく知ってもらう時間を作るために，通常のウェブページとは異なった縦長のデザインやアプローチ方法の工夫が必要となります。

16 サムネイル（サムネ）に関する問題

🔍 キーワード

#複製権　#翻案権　#同一性保持権　#送信可能化権　#公衆送信権
#使用許諾

▶Q　YouTube動画のサムネ画像にインパクトが欲しいのですが，①インターネット上の画像をサムネに使用することには，法的な問題が生じますか。②適法にサムネで画像を使用することは可能でしょうか。

▶A　①複製権，翻案権，同一性保持権，送信可能化権，公衆送信権を侵害する可能性があります。②権利者の許諾があれば，著作権侵害とはなりません。ゲームのスクリーンショットについては，ゲーム会社が使用許諾しているケースでは適法に使用することができます。

解　説

1　サムネイル（サムネ）

　サムネイルは，略してサムネと呼ばれるものであり，画像やページ，動画がどのようなものかをすぐに理解できるように，視認性を高めた縮小画像のことをいいます。YouTubeでは，サムネにインパクトがあると多くの人の目に留まり，再生数が増える傾向があります。そのため，動画を投稿する際，ゲームのスクリーンショット，有名人の画像や，ウォルト・ディズニーのミッキーマウス，任天堂のマリオのような，他人が著作権を有する，インパクトの強い画像をサムネで使うケースが多くなっています。

2　YouTubeとサムネ

YouTubeの「サムネイルに関するポリシー」によれば，以下のいずれかに該当するサムネイルは，コミュニティガイドラインに違反しているとされ，投稿が禁止されています。

- 性的満足を目的として性行為またはヌードを描写したポルノ画像や，その他の性的満足を意図した画像を含むサムネイル
- ショックや嫌悪感を与えることを目的とした暴力的な画像
- 流血や明らかな骨折などの生々しい描写または不快な描写
- 下品な言葉や冒とく的な言葉を含むサムネイル
- 視聴者を誤解させ，動画に含まれていないものを視聴できると思わせるサムネイル

また，コミュニティガイドラインに違反していなくても，年齢制限が設けられたり，サムネイルが削除されたりする可能性があります。

3　サムネと著作権

「サムネイルに関するポリシー」も重要ですが，サムネの場合，著作権の問題も考慮しなければなりません。著作権法上，ゲームは「映画の著作物」の一種と考えられており，ゲームのスクリーンショットは映画の著作物（著10条1項7号）に該当すると考えられています。そのため，ゲームのスクリーンショットを無断で使用した場合には，原則として著作権侵害となります。

なお，有名人自体は人なので，有名人の画像を用いたからといって著作権の問題は生じません。ただし，人を撮影した画像については，撮影者との関係で「写真の著作物」（著10条1項8号）に該当すると考えられます。特に，有名人の画像は，通常，プロの写真家などにより撮影されます。そして，その画像は，写真の構図，光の当て方，シャッターの切り方などから，写真家の思想や感情が表現されているといえるので，著作物に該当することとなります。そのため，著作者である撮影者に無断で有名人の写真を使用してしま

うと，原則として，撮影者の著作権を侵害してしまうこととなります。

　YouTubeで著作権侵害を行ってしまった場合，YouTubeから著作権侵害の警告が出されます。そして，その警告を3回受けると，アカウントと関連づけられたチャンネルが全て停止され，アカウントに投稿した全ての動画が削除されてしまいます。

4　YouTubeでの画像利用と著作権侵害

　サムネや動画内で，他人の著作物を使用する際には，一般的に以下のような行為が介在します。

> ①　自らが使用しているパソコンやスマートフォンなどに他人の著作物を保存する行為
> ②　保存した他人の著作物を編集などしてサムネや動画を作成する行為
> ③　作成したサムネや動画を使用する行為
> ④　パソコンやスマートフォンに他人の著作物を保存する行為

(1)　複製権

　他人の著作物を保存する行為は，複製権を侵害する可能性があります。複製権は，著作権法21条で規定される権利です。判例（最一小判昭和53年9月7日判時906号38頁）によると，「著作物の複製とは，既存の著作物に依拠し，その内容及び形式を覚知させるに足りるものを再製すること」をいいます。複製は，主として①依拠性と，②類似性の2つの要件によって定義されています。

　「依拠性」とは，他人の著作物を基に作品を作出することです。だから，ある著作物Aが著作物Bと似ていたとしても，Aの作成者がBを知らず，基にしていなかったという場合，複製とはなりません。「類似性」については，複製は，ある著作物と全く同一に再製することだけに限らず，「その内容及び形式を覚知させるに足りる」程度の類似性があればよいとされます。多少の修正・増減があり，相違点があったとしても，既存の著作物の「その内容及び形式を覚知させるに足りるもの」，すなわち，これと表現形式上同一性を有するものであれば複製といえます。したがって，ドラえもんの絵をはが

きに書いて販売した場合，作者が絵が上手ではなく，原作に比べて明らかに見劣りするとしても，ドラえもんであることが容易に読み取れるものであれば，複製とされる可能性が高いといえます。他方，既存の著作物に依拠しながらも，さらに創作性が認められる程度の修正を行い新たな著作物を創作した場合に元の著作物の本質的特徴を感得できるというものについては，複製ではなく「翻案」の問題となります。

(2)　翻案権と同一性保持権

適法に他人の著作物を保存できたとしても，サムネや動画内で他人の著作物を利用するために，無断で編集などを加えた場合，権利者の翻案権や同一性保持権を侵害する可能性があります。

ア　翻案権

翻案権とは，著作権の一種であり，著作物を独占的排他的に翻案する権利をいいます。翻案の意義については，「既存の著作物に依拠し，かつ，その表現上の本質的な特徴の同一性を維持しつつ，具体的表現に修正，増減，変更等を加えて，新たに思想又は感情を創作的に表現することにより，これに接する者が既存の著作物の表現上の本質的な特徴を直接感得することのできる別の著作物を創作する行為」（最一小判平成13年6月28日民集55巻4号837頁）と，解されています。分かりやすい例としては，小説のドラマ化や映画化，漫画のアニメ化やゲーム化があります。YouTubeとの関係では，サムネや動画内で他人の著作物を利用するために編集などを加える行為が，翻案に該当する場合，翻案権侵害となってしまうため，注意が必要です。

イ　同一性保持権

同一性保持権とは，著作者人格権の一種であり，著作物及びその題号について，その意に反してこれらの変更，切除その他の改変を受けない権利のことをいいます（著20条1項）。同一性保持権の侵害となるか否かは条文上，著作者の主観的意思が重視されています。なお，著作権法20条には，私的領域における改変行為について，適用除外とする規定は置かれていません。そのため，私的領域での改変行為も同一性保持権の侵害となる可能性があります。

同一性保持権については，著作者の意思を杓子定規的に用いると，利用者に酷な場合もあるため，意思に反する改変全てが同一性保持権の侵害になる

わけではありません。しかし，同一性保持権の侵害に関する明確な基準がない以上，著作者の許諾を得ておくなどの対応をしておくことが望ましいでしょう。YouTubeにおいては，サムネや動画内での編集等が，同一性保持権を侵害すると判断される可能性があるため，注意しておくことが必要です。

ウ　翻案権と同一性保持権の違い

同一性保持権については，翻案権と似ている側面がありますが，同一性保持権は，著作者人格権という著作者の精神的な側面に関する権利であるのに対し，翻案権は，権利者の財産的な側面に属する権利であるという点で大きな違いがあります。

(3)　送信可能化権と公衆送信権

他人の著作物を編集などして作成したサムネや動画を使用する場合，他人の著作物をYouTubeにアップロードするという行為と，アップロードした他人の著作物を視聴者に見せるという行為が介在します。前者については，送信可能化権（著23条1項），後者については，公衆送信権（同項）を侵害する可能性があります。

ア　送信可能化権

送信可能化とは，著作物をサーバーにアップロードするなどの方法により，自動公衆送信し得るようにすること（著2条1項9号の5）をいいます。そのため，送信可能化権は俗にアップロード権と呼ばれています。自動公衆送信とは，公衆送信のうち，公衆からの求めに応じ自動的に行うもの（同項9号の4）をいいます。

送信可能化権侵害となるためには，自動公衆送信し得るようにすることが必要です。逆にいえば，他人の著作物を送信可能化した場合，実際に自動公衆送信がなされなくても送信可能化権を侵害することになります。他人の著作物をYouTubeのサーバーにアップロードした場合，視聴者からのアクセスが全く無かったとしても，アクセスをしようと思えばできる状態になるので，自動公衆送信可能な状態にしたといえます。このような行為を権利者に無断で行うと，権利者の送信可能化権を侵害することになります。

イ　公衆送信権

公衆送信とは，公衆によって直接受信されることを目的として無線通信又

は有線電気通信の送信を行うこと（著2条1項7号の2）をいい，著作者は著作物について公衆送信する権利を専有します。そのため，他人の著作物を無断でサムネイルや動画内で使用し，動画を公開することは，公衆送信に当たり，著作者の公衆送信権の侵害となる可能性があります。

5　著作権を侵害せずにYouTubeで画像を使用する方法

　無断で他人の著作物をサムネや動画内で使用した場合，原則として著作権の侵害に当たります。もっとも，あらゆる使用が著作権の侵害として認められないというわけではありません。

(1)　権利者の許諾がある

　著作物の利用について，著作者の許諾がある場合が考えられます。許諾については，明示の許諾がある場合と，黙示の許諾がある場合があります。

ア　明示の許諾

　まず，明示の許諾がある場合には，著作権侵害とはなりません。著作権法63条1項は，著作権者が他人に著作物の利用を許諾できる旨を定めています。権利者から許諾があることが明白である以上，トラブルになる可能性は低く，一番確実な方法といえます。なお，許諾に際しては，利用方法や条件を定めることもでき（著63条2項），ライセンス料や独占的利用を認めることなどを定めておくことができます。著作権者に利用の許諾を得れば，その後，当該著作物の著作権を取得した者や第三者に対し利用権を主張することができます（著63条の2）。もっとも，許諾を得た後に著作権者らとの間で様々なトラブルが発生することが考えられます。そこで，明示の許諾については，許諾の内容を明確にし，書面などで確実に証拠を残す必要があります。

　なお，ゲームのスクリーンショットについては，ゲーム会社がホームページなどで，使用を許諾する旨を公表しているケースがあります。例えば，任天堂は，「ネットワークサービスにおける任天堂の著作物の利用に関するガイドライン」（https://www.nintendo.co.jp/networkservice_guideline/ja/index.html）を公表し，同ガイドラインの中で，「任天堂は，個人であるお客様が，任天堂が著作権を有するゲームからキャプチャーした映像およびスクリーン

ショット（以下「任天堂のゲーム著作物」といいます）を利用した動画や静止画等を，適切な動画や静止画の共有サイトに投稿（実況を含む）することおよび別途指定するシステムにより収益化することに対して，著作権侵害を主張いたしません」との記載がありますが，「別途指定するシステム」として，「YouTubeパートナープログラム」も挙げられています。

イ　黙示の許諾

明示の許諾が無い場合でも，黙示の許諾があるといえる場合には，著作物を使用することができます。黙示の許諾があると認められるかどうかは，状況により様々であり，個別的に判断をする必要があります。一つの目安として，著作権者が異議を唱えずに，一度著作物の利用状態が確立した事実は，著作物の利用を黙示的に許諾したことを意味すると裁判所に判断されることがあります。例えば，誰でも閲覧できる不動産情報サイトに，不動産の紹介ページが設置されており，多くの人の目に触れることを意図した内容になっている場合には，当該ページをプリントアウト（複製）しても，権利者が想定している著作物の利用の範囲内に入っているものと考えられます。サムネや動画内での著作物の使用については，黙示の許諾が認められるケースは必ずしも多くはないと思いますが，サムネ用の画像で使用されることを意図して公開されているような場合には，黙示の許諾があるといえる可能性もあります。

(2)　引用に該当する

他人の著作物の使用が，引用と評価できる場合には，著作権侵害とはなりません。引用については，著作権法32条1項で規定されています。著作物の利用が引用として認められるためには，（Q8で紹介した）引用の要件が満たされていることが必要と考えられていますが，引用に該当するかどうかは，ケースバイケースであるので，事案ごとに個別的に判断をする必要があります。

コラム／〜任天堂〜

　1889年に創業し，任天堂骨牌として花札，トランプの製造を開始し，以来，多くの種類の玩具を製作してきた老舗企業です。1970年代後期に家庭用と業務用のコンピュータゲーム機の開発を開始し，1983年発売の据え置き型ゲーム機「ファミリーコンピュータ」のゲームソフトとして1985年に発売した『スーパーマリオブラザーズ』が世界的に大ヒットしたことでゲーム機やゲームソフトを開発する会社としての地位を確立しました。

　『スーパーマリオブラザーズ』の主人公「マリオ」など，任天堂のゲームソフトに登場するキャラクターは世界的に認知されているものが多く，2010年代からはキャラクターIP（知的財産）のゲーム外での活用を進めています。

　任天堂は，「自社ハードと自社ソフトをマッチさせる」ことを，企業戦略としています。

第 **3** 章

運営上起こり得る問題

第 1　金銭に関する問題

🔊 **17** YouTubeにおける収益化

🔍 キーワード

#AdSense　#パートナープログラム　#動画広告　#スーパーチャット
#クラウドファンディング

▶**Q**　①YouTubeでの広告収入を得る方法（パートナープログラム）について教えてください。②パートナープログラム以外の収益方法はないのでしょうか。

▶**A**　①動画コンテンツを投稿して共有できるという点では他のプラットフォームと同じですが，YouTubeの場合，YouTubeパートナープログラムにより，再生数に応じて報酬が支払われます。このパートナープログラムがYouTuberの収益源になっています。②パートナープログラム以外の方法を選択する人も多く，アフィリエイトマーケティング等が可能です。

解　説

1　YouTubeパートナープログラム

　有名YouTuberや芸能人たちが，YouTubeを通じて巨額の広告収入を得ています。この収益を生み出しているのは，Googleの広告プラットフォームである「AdSense」が設定している「YouTubeパートナープログラム（以下パートナープログラムといいます。）」であり，動画再生時に様々な形式の広告を表示し，動画再生を収益につなげている広告システムです。

YouTubeチャンネルを開設して動画を公開しただけでは，収益を得ることはできません。YouTubeの動画を再生する際に，途中でスキップ可能な15～30秒の広告が表示されますが，この動画広告を提供しているのがパートナープログラムです。広告は動画が再生された回数によって料金が支払われる仕組みなので，動画内で広告が再生されるたびにYouTuberには料金が支払われることとなります。

動画が1回再生されるごとに得られる収益は0.4～0.6円ですが，YouTubeでは数百万回再生される動画が多いので，莫大な収益がもたらされます。YouTubeの広告効果に惹かれて，大手企業や広告代理店がYouTubeに広告を出すようになっており，YouTubeは巨額の広告費が流通する大メディアに成長しました。「YouTubeで稼ぐ」というビジネスモデルは，パートナープログラムを使って収益を上げるということなのです。

2 パートナープログラムの機能

パートナープログラムが提供する機能の中でも特に重要なのが，「動画広告」，「チャンネルメンバーシップ」，「ライブ配信のスーパーチャット」の3つです。

(1) 動画広告

動画広告は，YouTubeの動画内に広告を表示する機能で，広告表示回数に応じてYouTuberに収益が配分されます。広告は動画の冒頭部分や途中部分に挿入されるほか，動画上部のバナー広告もあり，YouTuberが形を選べるようになっています。また，動画広告を途中でスキップする機能の有無についても設定が可能となっています。

(2) チャンネルメンバーシップ

チャンネルメンバーシップは，視聴者がチャンネルに月額料金を支払うことによって，YouTuberを支援するサービスです。YouTuberは任意の金額を，月に最大6000円までの範囲内で設定できます。チャンネルメンバーシップに参加すると，会員には様々な特典が提供されます。特典には会員限定で配信される動画や，チャットに表示される特別なバッジなどがあり，芸能人

のファンクラブに当たります。

(3)　ライブ配信のスーパーチャット

　スーパーチャットは，YouTubeのライブ配信時に視聴者が参加できるチャット機能で，YouTuberに料金を投じる，いわゆる「投げ銭」と呼ばれるシステムです。動画広告とは別に，視聴者から直接リアルタイムで収益を得ることが可能になります。1人の視聴者が投げ銭で投じられる金額は，1日に最大5万円までという制限があります。

(4)　まとめ

　これら以外にも，物品販売等の方法もありますが，大きな収益はこの3つの機能から生み出されます。また，パートナープログラムで大きな実績を残すと，企業からPR案件が舞い込んでくることもあります。企業案件では，依頼があった商品をYouTubeで紹介することになりますが，通常の動画広告よりもはるかに高い利率で報酬を得ることが可能となります。

　このように，パートナープログラムに参加すると，動画広告に限らず，様々な手法での収益化が可能になるので，YouTubeでの収益化を目指すなら，まずパートナープログラムに参加することから始めるのがよいでしょう。

3　パートナープログラムへの参加

　パートナープログラムに参加するためには，YouTubeチャンネルにGoogle AdSenseを設定し，パートナープログラムを利用する必要があります。利用資格を満たしていれば，誰でもパートナープログラムに申し込めますが，いくつかのガイドラインを遵守している必要があります。

(1)　利用資格

　「YouTubeヘルプセンター」の「YouTubeパートナープログラムの概要と利用資格」には，「利用資格の最小要件」として，以下の条件が挙げられています。

①　すべてのYouTubeのチャンネル収益化ポリシーを遵守している。

②　YouTubeパートナープログラムを利用可能な国や地域に居住している。

③　チャンネルに有効なコミュニティ ガイドラインの違反警告がない。

④　有効な公開動画の総再生時間が直近の12か月間で4000時間以上である。

⑤　チャンネル登録者数が1000人以上である。

⑥　リンクされているAdSenseアカウントを持っている。

これらの利用資格を満たしていれば、誰でもパートナープログラムに申し込めます。

コミュニティガイドラインの違反項目は、「スパム、欺瞞行為、詐欺」「ヌードと性的なコンテンツ」、「子どもの安全」、「有害または危険なコンテンツ」、「ヘイトスピーチ」、「ハラスメントやネットいじめ」等であり、チャンネルにこのようなコンテンツが入っていると収益化が無効になるだけでなく、コンテンツが削除されたり、チャンネルが停止されたりする可能性もあるので注意が必要です。

また、持っているAdSenseアカウントが１つだけであることを確認し、申込手続では、収益を受け取るためのAdSenseアカウントに接続する必要があります。持っていない場合は、画面の指示に沿ってアカウントを作成し、関連づけなければいけません。

(2)　チャンネル審査

チャンネルの総再生時間4000時間と登録者数1000人という２つの条件を満たした時点で、YouTubeの自動システムと審査担当者によってチャンネルのコンテンツが審査されます。審査は開始から１か月以内には完了し、結果が通知されます。審査は何度でもチャレンジが可能で、収益化ポリシーなどの違反が理由で審査に通らなかった場合は、不承認から30日後に再申請が行えるようになります。

パートナープログラムへの参加が承認された場合には、広告表示を設定し、動画の収益化を有効にすることができます。

4　パートナープログラムの難点

　YouTubeの収益化を考える際には，パートナープログラム以外の方法はないのでしょうか。いくつかの理由によりパートナープログラムに不満を持ち，他の方法を考える人もいます。

(1)　広告とコンテンツのマッチング

　AdSenseにおいて，広告とコンテンツのマッチングは，アルゴリズムによって行われます。これは，非常に高度な技術ですが，チャンネルの視聴者と動画の内容が，広告のテーマとマッチしないこともあります。広告とコンテンツのマッチングがうまくいかないと，広告収入が伸びません。収益化戦略をアルゴリズムに委ねてしまうことは危険であり，不安になることもあるので，パートナープログラム以外の方法を選択するYouTuberもいます。

(2)　YouTubeによる審査

　YouTubeの厳しい審査に通過しないと，収益化することはできません。また，コンテンツがコミュニティガイドラインに違反しているとされた場合，チャンネルは違反警告を受けます。2回目の90日以内に3回目の違反警告を受けると，チャンネルはYouTubeから永久に削除されます。また，悪質な嫌がらせ行為を1度でも行うと，事前警告なしでチャンネル停止になることもありますし，コミュニティガイドライン違反以外の理由で削除される場合もあります。例えば，当事者からのプライバシー侵害の申立てや，裁判所命令などです。このような場合，違反警告は発行されません。

　こうしたYouTubeによる審査，縛りを嫌がるYouTuberも，パートナープログラム以外の方法を選択しています。

(3)　広告費の分配

　広告費の内訳はパートナーごとに異なりますが，基本的にはYouTubeが45％，動画クリエーターは55％となっています。この分配率が不利だと考えるYouTuberも，パートナープログラム以外の方法を選択しています。

5　パートナープログラムに代わる収益方法

(1)　アフィリエイトマーケティング

　アフィリエイトマーケティングは，インターネットで収入を得る一般的な方法の一つですが，この方法は，YouTubeでも採用することができます。YouTuberは，商品やブランドのアフィリエイターとして，自分のチャンネルで商品の宣伝を行い，ブランド側は，独自の割引コードや追跡可能なリンクを使用することで，誰が紹介したかを把握し，その人に報酬を支払います。商品が売れるごとに，一定の割合又は定額の報酬が支払われるのが一般的です。アフィリエイトマーケティングは，視聴者が少なくても，購入者さえいれば収入を得ることができるので，AdSenseよりも多くの収入を得られる可能性があります。特定のカテゴリーを中心に紹介しているチャンネルであれば，アフィリエイトリンクを貼り付けてみるとよいでしょう。

(2)　企業案件を獲得する

　アフィリエイトマーケティングと同様に，YouTuberの中には企業からスポンサー費用を獲得して，そのブランドや商品を動画内で使用したり，紹介したりしている人もいます。企業案件によるスポンサーシップとアフィリエイトの主な違いは，スポンサーシップの場合，商品を販売する必要はなく，紹介するだけでよいという点です。この場合，スポンサー企業はYouTuberが紹介した商品が売れるたびに報酬を支払うのではなく，月ごと，あるいは動画ごとに報酬を支払います。

　YouTubeは，動画の視聴とコメントの書き込みなどのように，コンテンツプラットフォームとSNSの両方の性質を持っており，YouTuberと視聴者はコミュニケーションを取ることができるので，そうした形態に期待するスポンサー企業が多くあります。

(3)　クラウドファンディング

　クラウドファンディングは，YouTubeが自分のチャンネルを収益化するためのものでもあります。会員制ビジネスの形を利用しており，ファンや支援者が作品に対して一定金額の資金を寄附する形態になっています。視聴者はクラウドファンディングを活用して，YouTuberに直接アクセスしたり，

限定コンテンツや商品などを利用できるようになります。

用語解説

Ｑ＜ クラウドファンディング

　クラウドファンディング（crowdfunding）は，群衆（crowd）と資金調達（funding）を組み合わせた造語で，インターネットを通して人々から資金を募り，何かを実現させるという手法です。この活動自体は，寺院や仏像などを造営・修復するため，庶民から寄附を集める「勧進」や「寄進」などの形で古くから存在していました。

　インターネットの普及に伴い，2000年代に米国で先駆的なウェブサイトが続々と開設されました。代表的なものにIndiegogoやKickstarter等があり，特に米国や英国ではクラウドファンディングは資金集めの方法として一般的なものになりつつあります。日本では，2011年3月にREADYFORが日本で初めてのクラウドファンディングサイトとしてサービスを開始しました。

コラム／ ～総再生時間4000時間と登録者数1000人という条件～

　パートナープログラムの利用資格の最小要件の一つとして，チャンネル登録者数と公開動画の総再生時間の条件がありますが，まだこの条件を満たしていない場合，［参加条件を満たしたら通知する］をクリックしてメールを受け取ることができます。その後，チャンネル登録者数が1000人，かつ過去12か月の総再生時間が4000時間に到達するとメールが届き，この時点で審査に回されます。したがって，審査待ちの間にチャンネル登録者数又は総再生時間が条件を満たさなくなっても問題ありません。条件を満たした上でパートナープログラムに申し込めば，その後の経過にかかわらずチャンネルの審査が実施されます。

　ただし，6か月以上チャンネルの活動がなく，投稿やコミュニティへの投稿が行われていない場合，YouTubeは独自の裁量により，条件を下回ったチャンネルの収益化の資格を取り消す権利を有するとしています。

📢 18　収益化した後の税金

🔍 キーワード

#所得（税）　#未成年　#税金　#控除　#必要経費　#収益化

> ▶Q　①条件を満たし，広告掲載に適したコンテンツと認められ，広告収入を受け取ることができるようになりましたが，収益化した後の税金の仕組みはどのようなものなのでしょうか。②未成年が収益を得た場合は，通常と仕組みが異なるのでしょうか。③YouTuberが納める税金は所得税のみでいいのでしょうか。

▶A　①収益化後，必要経費（機材，編集ソフト，小道具等）を差し引いた額が所得となり，YouTubeでの所得は給与所得，事業所得，雑所得に分類されます。給与所得の場合は基本的に会社で年末調整を行うため，確定申告が不要であり，事業所得の場合は48万円以下の場合に，雑所得の場合は20万円以下の場合に確定申告が不要となります（所得税法121条1項1号）。

②YouTubeで動画投稿による広告収入を得るにはGoogle AdSenseのアカウントを作成する必要があり，このアカウントを作成できるのは18歳以上であるため，18歳未満が収益を考えている場合は保護者がこのアカウントを作成する必要があります。また，給与収入金額が103万円以下である場合又は，合計所得金額が48万円以下の場合には課税所得金額が生じないため，確定申告は不要となります。さらに，本人が扶養親族の場合には，親は「扶養控除」の適用を受けることができます。③所得税以外にも住民税等を納める必要があります。ただし，Google AdSenseの収入は支払元が外国法人のため，消費税の不課税取引に該当し，消費税は発生しません（消費税法4条1項）。

◖　解　説　◗

1 YouTubeにおける税金の仕組み

(1)　所得区分

YouTubeでの所得は給与所得，事業所得，雑所得に分類されます。

まず，YouTuberとしての活動を本業として，独立・反復・継続して行う場合，それに基づく所得は事業所得に区分されます。次に，会社や事務所に所属してその給与としてYouTuberの収入が生じている場合，同収入は給与所得に分類されます。最後に，YouTuberとしての収入が事業所得にも給与所得にも当たらない場合には，雑所得に分類されます。

事業所得の場合，所得金額が48万円以上であれば確定申告が必要となります。一方，給与所得の場合は基本的に会社や事務所側で年末調整が行われますが，副業の所得金額に関係なく，会社員として勤務先から支給される給与の額が年間2000万円を超えると年末調整は受けられません（所得税法121条1項）。したがって，給与額が年間2000万円を超える場合，全員が確定申告を行う必要があります。雑所得の場合には，所得金額が20万円を超えると確定申告の対象となります（同項1号）。

(2)　必要経費

前述したように，収入金額から必要経費を引いた額が所得金額として計算されます。そこで，必要経費の代表的なものとしては，動画撮影機材，撮影のための交通費，家賃や光熱費，撮影のための小道具等が挙げられます。必要経費はYouTubeの動画撮影のために要した費用であり，それ以外のプライベートな支出については経費として計上することはできませんので注意しましょう。自宅を撮影場所として使用する場合の家賃や光熱費は，撮影のために使用した部分に該当する金額のみが必要経費となります。例えば，自宅の家賃を必要経費として計上する場合，撮影に使う部分とプライベートで使う部分を切り離し，撮影に使用する部分のみの家賃を超えて，必要経費として計上することはできません。業務使用目的とプライベートな目的が併存する場所の家賃等の支出は，家事関連費と呼ばれます（所得税法45条1項1号）。

この場合，原則として支出する家事関連費の金額のうち業務遂行上必要な部分が50％超であれば，事業に要した部分を必要経費とすることができます。ただし，当該割合が50％以下でも，事業に要した割合を明確に算定できれば，事業に要した部分を必要経費に算入することができます（所得税法基本通達45-2）。

(3) 確定申告しなかった場合

所得税法では毎年1月1日から12月31日までの1年間に生じた所得について，翌年2月16日から3月15日までの間に確定申告を行い，所得税を納付することになっています。そこで，確定申告を怠ったまま放置した場合，①無申告加算税，②重加算税，③延滞税といったペナルティが科される可能性があります。

無申告加算税とは，申告期限内に確定申告をせず，その所得分につき所得税が発生した場合に，その税額に対してなされる税金です。各年分の無申告加算税は，原則納付すべき税額に対し，50万円までは15％，50万円を超える部分は20％の割合を乗じた金額となります。もっとも，税務署の調査を受けるまでに自主的に申告した場合，無申告加算税は5％の割合を乗じて計算した金額に軽減されます。ただし，2016年分以降の所得であって，調査事前通知後に申告したものについては，50万円までは10％，50万円を超える部分は15％の割合を乗じた金額となります。

また，期限後申告であっても，法定申告期限から1か月以内に自主的に行われ，期限内申告をする意思があったと認められる一定の場合に該当すれば，無申告加算税は課されません。ここで一定の場合とは，①当該期限後申告に係る納付すべき税額の全額を法定納期限（口座振替納付手続をした場合は期限後申告書を提出した日）までに納付しており，②その期限後申告書を提出した日から起算して5年前までの間に，無申告加算税又は重加算税を課されたことがなく，かつ，同期間内に期限内申告をする意思があったと認められる場合の無申告加算税の不適用を受けていないことの両要件満たした場合を意味します。

重加算税とは，税額を計算するための事実を隠蔽したり，仮装したりした場合に課される税金です。申告していたものの過小な場合追加税額に対して

35％，無申告の場合納付税額に対し40％という大きな割合でペナルティが課されることとなりますので，気を付けましょう。

　延滞税とは，納付期限に遅れて納付した場合に課される利息のようなものです。期限後に納付した税額に対し，2021年は2.5％又は8.8％，2022年は2.4％又は8.7％となります。

2　扶養控除制度

(1)　扶養控除制度の概要

　扶養控除とは，扶養内にある親族につき税金の負担を軽減する制度です（所得税法84条）。

　前述のとおり，YouTubeで子供が収入を得た場合，（総収入－必要経費）が税法上の合計所得金額となります。子供の場合，アルバイトでの収入と異なり給与として収入を得ることは考えにくいため，上記合計所得金額が48万円を超えれば，扶養控除は受けられません（給与所得の場合，給与所得控除が適用されるため，年間の給与収入が103万円を超えなければ扶養控除が受けられます）。

(2)　子どもが扶養控除の対象となるための要件

　子どもが扶養控除の対象となるためには，以下の6要件を満たす必要があります。

> ①　子どもが扶養者の6親等内の血族か3親等内の姻族，あるいは地方自治体から養育や養護を委託された子どもや老人であること
> ②　子どもが年末時点で16歳以上であること
> ③　子どもの年間の合計所得金額が48万円以下であること
> ④　扶養者が子どもと生計を一にすること
> ⑤　子どもが扶養者から青色事業専従者または白色事業専従者として給料をもらっていないこと
> ⑥　子どもがほかの誰かの扶養控除の対象となっていないこと

　④の「生計を一にする」とは，同一の生活共同体に属して日常生活の資を共通にしていることを指し，必ずしも同居している必要はありません。その

ため，例えば，地方から就学等の理由により上京し1人暮らしをしている子どもであっても，生活費の大半が仕送りによって賄われている場合には，当該子どもは「生計を一にする」親族となります。反対に，親と同居していても子供が自らの収入で生活している場合には，「生計を一にする」親族には当たりません。

3　節税対策

(1)　必要経費

前述のとおり，収入金額から必要経費を引いた額が所得金額として計算されるため，必要経費が大きければ大きいほど税金の基礎となる金額が小さくなり，節税が可能となります。もっとも，経費にできるのは，「収入を得るために使った費用」(所得税法37条) です。所得税法にその項目が具体的に記載されているわけではないことから，合理的な根拠を基に，客観的にそれを説明できるかどうかが，判断基準ということになります。特に，所得が大きい人は，万が一税務調査に入られてもその説明ができるように準備しておくことが大切です。

(2)　青色申告

事業所得となる場合，税金対策として非常に大きなメリットがあります。それは，青色申告が可能となることです。青色申告を行うと最大65万円の青色申告特別控除が適用でき，所得税の基礎となる合計所得金額を減らすことができます。また，赤字が発生した場合でも，その赤字を3年間繰り越すことができ，その場合，翌年以降に発生する所得税の額が減少します。さらに，「青色事業専従者給与に関する届出書」に記載された金額の範囲内であれば，家族に対して支払った給与や，少額減価償却資産の特例として，取得価額が30万円未満の資産についてその取得価額の全額を必要経費に計上することができます。ただ，青色申告するためには事前に青色申告承認申請書を税務署に提出しなければならず，帳簿書類の備付けなどの要件が定められています。そのため，事前準備が必要となります。

このように，あらかじめ知識をストックし，準備しておくことで，大幅な

節税が可能となります。所得税は所得金額が大きいほど多く支払わなければならない仕組みになっているため，所得が大きい人は特に気を付ける必要があります。節税対策ができる一方で，正しく税金を支払わないと大きなペナルティが科されることになるため，YouTubeによる収入があるか否かにかかわらず，税金の仕組みについて勉強しておくことが重要です。

用語解説

🔍 < 税務調査

　税務調査とは，税務署などが，納税者が正しく税務申告を行っているかを調査することを指します。税務申告をしていない，申告内容に不審な点があるといった場合には，税務調査の対象となりやすいので注意が必要です。

　税務調査によって，無申告や過少申告が判明した場合，場合によっては無申告加算税や過少申告加算税といった重い追徴課税を納める必要があります。

🔍 < 確定申告

　確定申告とは，1年間の所得（その年の1月1日から12月31日まで）とそれに係る所得税の納付額を計算し，それを国に報告する手続のことです。そして原則として翌年の2月16日から3月15日まで間に税務署に報告・納税をする必要があります。個人事業をされている方や，企業に勤めているため源泉徴収されている方でも不動産収入等があれば確定申告が必要となります。今日では，確定申告ソフトが進化し使いやすくなったため，簿記や会計の知識が乏しい個人でも確定申告が可能となっています。

少額減価償却資産

少額減価償却資産とは，使用可能期間が1年未満又は取得価格が10万円未満の資産を指します。通常，事業の用に供する資産は法定耐用年数にわたって減価償却を行い，費用処理されます。しかし，少額減価償却資産は取得価額の全額を，事業の用に供した年分の必要経費に算入することができます。また，青色申告者は少額減価償却資産の特例が適用され，取得価額が30万円未満の資産の取得価額は全額必要経費に算入することができます。これによって，例えば利益が出そうな時期にパソコンなどを購入し，すぐに事業の用に供することで必要経費を増やし，課税額を減らすことができます。

不課税取引

消費税の課税の対象は，①国内において，②事業者が事業として，③対価を得て行われる，④資産の譲渡等（消費税法4条1項）です。したがって，上記4要件のいずれかを満たさない取引には消費税は課さず，これを不課税取引といいます。例えば，国内法人が海外に有する土地を売買した場合，国内取引に該当せず不課税取引に当たります。ただし，今日ではインターネットを通じて様々な取引がなされるようになり，一部の取引について国内取引との公平性確保の観点から，4要件に該当しない場合であっても国内取引とみなし消費税の課税対象としています。これをリバースチャージ方式といいます。

◀)) **19** 配信者死亡による相続の問題点

🔍 キーワード

#アカウント無効化管理ツール　#Googleアカウントの相続　#著作権の相続
#相続税　#死者に対する名誉毀損

> **▶Q**　配信者が亡くなった時の相続について，①チャンネルを相続
> し，運営し続けることは可能でしょうか。②遺族が収益を受け
> 取ることはできるのでしょうか。③配信者が亡くなった後に動画が炎上
> し，配信者が誹謗中傷されました。法的にはどのような対応が考えられ
> ますか。

▶**A**　①チャンネル自体は被相続人の一身に専属したもの（民法896条）
に当たり，相続の対象とはならないと考えられます。②「Google
アカウントヘルプ」より，死亡したユーザーのアカウントから資金を取得す
るためのリクエストを送ることができ，リクエストが認められると収益を相
続人が受け取ることができます。③炎上の投稿内容が，死者への名誉権侵害，
遺族の敬愛追慕の情や名誉感情，名誉権を侵害するようなものであった場合，
投稿削除や損害賠償を求めることが可能です。

◢ 解　説 ◣

1 YouTubeチャンネルと相続

(1) Googleアカウントの相続

　YouTubeに動画を投稿するには，GoogleアカウントによってYouTubeに
ログインをすることが必要です。Googleアカウントの登録者が死亡した場合，

そのアカウントの取扱いはどのようになるのかという点につき,「Google アカウントヘルプ」では,「死去したユーザーのアカウントに関するリクエストを送信する」において,「多くの方々がご自身のオンラインアカウントの管理方法について明確な指示を残さないままお亡くなりになっています。Google では,ご家族や代理人の方と連絡を取って,適切であると判断した場合には,故人のアカウントを閉鎖します」と記しています。また,死亡した場合に備えてあらかじめ「アカウント無効化管理ツール」を設定することで,YouTube の投稿動画などの情報のアクセス権限を第三者に与えたり,一定の待機期間の経過後に Google 側がアカウントを削除したりすることが可能となります。これらを踏まえると,原則として,亡くなった配信者の Google アカウントを相続人が相続により譲り受けることは予定されていないと考えられます。

(2)　YouTube の投稿動画の著作権の相続

YouTube に投稿された動画が著作物と認められる場合には,相続人は投稿された動画の著作権を相続することができます (民法896条)。そのため,相続人は「死去したユーザーのアカウントに関するリクエストを送信する」から,亡くなった配信者の投稿動画の著作権が相続人にあることを理由として,「死去したユーザーのアカウントからデータを取得する」というリクエストを行い,投稿動画の情報の提供をするように問い合わせることが考えられます。なお,著作者の有する著作者人格権は,財産権である著作権とは異なり,人格権として構成されているので,投稿動画を作成した配信者に一身専属的に帰属し,著作者の死亡によって原則的には消滅し,相続の対象とはなりません。

(3)　YouTube に投稿された動画により得られる収益の相続

YouTube に投稿された動画により広告収入が継続的に発生している場合,相続人はどうすればこの収益を得ることができるのでしょうか。

まず,配信者が亡くなる前に投稿された動画により発生した収益については,この広告収入の支払を受ける権利は,亡くなった配信者に帰属する金銭債権といえます。そのため,配信者が亡くなってしまった場合には,その地位を承継した相続人が,配信者が生前に有していた当該債権を取得すること

になります。そこで，亡くなったユーザーの資金に関しては，「死去した
ユーザーのアカウントから資金を取得するためのリクエストを送信する」と
いうリクエストを送ることが考えられます。もっとも，このリクエストをす
るためには，裁判所が認定した遺言執行状や故人の死亡診断書などを提出す
る必要があり，いずれについても公証済みの英訳を添付しなければなりませ
ん。そのため，より簡便な方法として，配信者からあらかじめ広告収入の取
得に関わるGoogle AdSenseの管理者ユーザーとして追加登録してもらうこ
とが考えられます。管理権限が与えられていれば，配信者が亡くなったタイ
ミングでGoogle AdSenseに計上される収益の振込先の口座情報や受取人の
名前，住所を変更することができ，収益を相続人の口座に入金してもらうこ
とができます。

　また，配信者が亡くなった後に発生した広告収入については，Google
AdSenseのアカウントにおいて継続的に収益として計上されることになりま
す。この場合も，既に述べたように，「死去したユーザーのアカウントから
資金を取得するためのリクエストを送信する」というリクエストを送ること
が考えられます。また，事前にGoogle AdSenseの管理者ユーザーとして追
加されていれば，口座情報などを変更することができます。

② 配信者の相続税

　配信者の財産を相続した際に，相続税の対象となる課税遺産総額はどのよ
うになるのでしょうか。配信者の投稿した動画の著作権や広告収入に関する
金銭債権，配信者の銀行口座に振り込まれた広告収入は，いずれも配信者の
財産に当たります。そのため，課税遺産総額を算出するには，これらの財産
価額の評価額を計算する必要があります。広告収入に関しては，配信者の銀
行口座に振り込まれているか否かで計算方法が異なります。

　まず，投稿動画による収益がいまだ指定の銀行口座に振り込まれていない
場合，この広告収入に関する金銭債権の評価額は，原則として元本である収
益の額と元本に係る利息の額の合計により算出されます。

　既に配信者の銀行口座に広告収入が振り込まれている場合は，この銀行口

座の預貯金の評価額は，預入高と口座を解約した場合の利子の額から利子の
源泉所得税相当額を差し引いた額により算出されます。もっとも，普通預金
の場合は利子が少額であり，預入高のみをもって算出することができます。

　最後に，投稿動画の著作権の評価額については，「年平均印税収入の額×
0.5×評価倍率」により算出されます。なお，YouTubeの投稿動画の広告収
入がここでいう「年平均印紙税収入の額」に該当するかについては，文言上
は明確ではないため，国税庁等に具体的に問い合わせるのがよいでしょう。
これらの財産の評価額の合計から，基礎控除額（相続税法15条）を差し引いた
額が，課税遺産総額となります。

3　配信者が投稿した動画が炎上した場合

　亡くなった配信者が投稿した動画が炎上した場合にも，法的手段を採るこ
とが可能です。

(1)　民事責任について

　炎上した動画において誹謗中傷の投稿などが行われた場合に，損害賠償請
求（民法709条，710条）や削除請求をすることが考えられます。もっとも，誹
謗中傷が行われたとしても，法的保護に値する名誉の帰属する配信者は既に
亡くなっています。そのため，「死者に対する名誉毀損」として，亡くなっ
た配信者に対する名誉毀損は認められないと考えられています。

　ただし，裁判例では，「故意又は過失に因り，虚偽，虚妄を以て死者の名
誉を毀損し，これにより死者の親族又はその子孫（……）の死者に対する敬
愛追慕の情等の人格的法益を，社会的に妥当な受忍の限度を越えて侵害した
者は，右被害の遺族に対し，これに因って生じた損害を賠償」すべきと判示
しています（東京地判昭和52年7月19日判時857号65頁）。また，「死者の名誉が毀
損された場合には，一般に，社会的評価の低下はひとり死者のみにとどまら
ず，配偶者や親子等死者と近親関係を有する者に及ふことがあることは肯認
しうるところであるといわねばならない」として，死者への名誉毀損が他の
近親者への名誉毀損にもなり，不法行為責任を構成することを肯定した裁判
例もあります（静岡地判昭和56年7月17日判時1011号36頁）。つまり，「死者に対す

る名誉毀損」について，虚偽や虚妄の事実により近親者の人格的利益の侵害や近親者自身への名誉毀損が認められれば民事責任を追及できることから，誹謗中傷に対して何ら打つ手がないわけではありません。名誉が毀損されたり，プライバシーを侵害されたりしたとき，死者の名誉やプライバシーだからといって，それらを遺族等が甘受しなければならないということはありません。死者は訴訟を提起することはできませんが，遺族又はそれと同視し得る人であれば，遺族の名誉が毀損された，又は敬愛追慕の情が侵害されたと主張して，損害賠償請求や削除請求をしていくことが考えられます。

(2) 刑事責任について

刑法では「死者の名誉を毀損したものは，虚偽の事実を摘示することによってした場合でなければ，罰しない」(刑法230条2項) と規定されており，刑法上は，虚偽の事実の摘示により故意に死者の名誉を毀損した場合には，名誉毀損罪が成立することになります。そこで，遺族は投稿動画に対し，事実無根の誹謗中傷がなされた場合には，この誹謗中傷行為により名誉毀損がなされたことを理由として告訴することができます (同法232条1項)。

用語解説

Q < Googleアカウントヘルプ

「Googleアカウントヘルプ」とは，Googleアカウントの利用に関するサポート情報を提供するサイトです。「ヘルプセンター」では，「Googleアカウントの管理」や「アカウントのプライバシー」などの項目について，利用者の疑問に応じて，具体的な解決方法や詳細な情報を提供しています。また，「ヘルプコミュニティ」では，実際にGoogleアカウントの利用者が質問を投稿することができ，これに対してGoogle社員だけでなく高度な知識を持つ様々なメンバーからの回答を受けることができます。さらに，質問をしなくても他の利用者がした質問やそれへの回答を自由に閲覧することができます。

死者に対する名誉棄損

　民法では，身体，自由，名誉を侵害したときは不法行為が成立し，損害賠償が可能です。しかし，名誉侵害による損害賠償の場合，根拠となるのは，人が社会生活上有する人格的利益を目的とする人格権です。一般的に，この人格権は一身専属権，つまりある人に帰属し，他の人が取得したり行使したりできない権利であり，権利者の死亡によって消滅すると考えられています。

　死者に対する名誉毀損に対する考え方は，以下のように整理できます。

①　死者の名誉権を認める見解もあるが，理論的根拠に疑問があり，あえて死者の名誉権を認める実益がない

②　死者の社会的評価を低下させる事実摘示がなされていても，それが遺族の社会的評価を低下させるものと解釈できる場合には，遺族の名誉が毀損されたとみなすことができる

③　死者の名誉を毀損する記事等が遺族の名誉を毀損すると解釈できない場合には，「故人に対する敬愛追慕の情」を被侵害利益と認める場合がある

　したがって，裁判例では②のような遺族固有の人格権，又は③のような敬虔感情の侵害を根拠とするものが多く見られます。

◀))) 20　カップルチャンネルで2人が破局した後の問題点

🔍 キーワード

#カップルチャンネル　#カップルYouTuber　#収益　#収益分配
#不当利得　#仮差押え

> **▶Q**　交際相手と共同でチャンネルを運営していましたが，別れることとなり，カップルチャンネルも終了することになりました。①相手が収益を管理していたのですが，まだ受け取っていない分の収益は請求できるでしょうか。②そのほかに，今後，どのような問題が起こり得るでしょうか。

▶A　①請求は可能です。しかし，収益をどのように分配するのかについて，事前に取決めがされている必要があります。というのも，YouTubeの収益を受け取るにはGoogle AdSenseアカウントが必要ですが，このアカウントは1チャンネルにつき1つと決められているので，配分を決めておかないと収益を受け取れない可能性が生じるからです。なお，収益を受け取る前に相手方に使い込まれないようにする方法としては，収益の振込先の口座の預金債権の仮差押えという方法があります。②カップルチャンネルのリスクとして，別れた後にも交際当時に投稿した動画がインターネット上に残ってしまうことが挙げられます。また，企業案件など，投稿動画に関して第三者がかかわっている場合には，企業との契約内容が問題となることもあります。

解　説

1　カップルチャンネル

　カップルチャンネルとは，彼氏・彼女や夫婦間で活動しているYouTubeチャンネルのことを指し，これを運営するYouTuberのことを，カップルYouTuberと呼びます。カップルYouTuberの中には意識していない人がいるかもしれませんが，チャンネルの運営は２人による共同事業となります。

(1)　カップルチャンネルの運営

　YouTubeのシステム上，チャンネルの実質的な運営者が２人以上であっても，Googleに登録されるチャンネルの所有者や収益を受け取るアカウントの持ち主は１人です。そこで，所有者である一方がもう一方に対して利益を支払い，投稿等を行うことができる管理権を付与しているという形で運営されているパターンが多くなります。

(2)　破局した場合の収益に関する問題

　カップルチャンネルのリスクとしてはやはり破局してしまう可能性があることです。チャンネル開設時には考えないことですが，破局してしまった場合に生じる問題として，まず，収益に関する問題があります。動画投稿によって収益を得ていた場合，その収益はGoogle AdSenseアカウントに登録された口座に振り込まれますが，このアカウントは１チャンネルにつき１つしか登録できないので，破局後に，登録者でない一方が，それ以前に投稿していた動画の収益を受け取れないという事態が生じます。この場合，元交際相手に対して，「自分が出演していた動画から生じた広告収入は自分にも支払われるべきである」という主張は，法的には不当利得（民法703条）と整理されます。チャンネルの「所有者」である一方は，契約書等が無い状態で，他方の出演や編集等の行為によって，当該動画から生じる収益の全てを受け取ることになりますが，その一部は，他方の「労務によって」受けている「利益」であり，それを他方に支払わなければならない，というロジックです。

　ただこの場合，どういった割合で収益を分配するのかが問題となります。

というのも，カップルチャンネルは，双方が信頼関係で成り立っていることが多いので，事前に細かい取決めをしていないことがほとんどです。個々の動画によって，収益への自分の寄与度が異なるケースも多くあるため，自分で行った編集等の作業の程度や出演時間等を考慮した上で，自分の受け取るべき利益はどれくらいになるのかを証明する必要があります。2人で運営しているのだから受け取る利益も50％である，というわけには，なかなかいかないのです。また実際問題として，このような複雑な交渉を破局後に行わなければならないことは，双方にとって大きな負担になるでしょう。

　協議中に収益を使われないようにする方法としては相手方の預金債権の仮差押え（民事保全法50条）があります。しかし，契約書など債権者が主張する金銭債権が存在することを提出しなければなりません。前述のように，ほとんどのカップルチャンネルでは証拠に当たるものを作成していないので，現実には難しいといえます。そこで，収益問題に関していえば，事前に取決めがない場合の解決方法は不当利得の返還を求めることしかありません。

(3)　破局以前に投稿された動画に関する問題

　交際関係は解消しても，投稿した動画は削除しない限りインターネットに残ります。カップルによってはキス動画等を投稿している場合もあり，動画を削除しても，こうした動画等が残ることは，カップルチャンネルのリスクといえます。

　また，カップルの一方から，肖像権等に基づき，動画の削除を求められることが大いにあり得ます。もちろん破局した以上，過去の動画を全て削除することは，双方の同意があれば大きな問題にはなりません。しかし，いわゆる企業案件の場合，動画を削除することは難しい場合があり，削除してほしいカップルの一方と，公開継続を要請する企業との間で，残った一方が「板挟み」となってしまう可能性があります。というのも，企業との契約で，動画の掲載期間が決められている場合，削除してしまうと契約違反となり，企業側から損害賠償を請求されるかもしれないからです。例えば，報酬を受け取る代わりに「公開後12か月間は動画を削除せずに公開し続けること」といった公開保証を盛り込んだ契約を行うケースが多くなっています。

2　カップルYouTuberがやっておくべき「取決め」

　カップルYouTuberのような共同事業においては，関係が破綻してしまった場合に備えて，その関係性が円満なうちに，関係が破綻した場合にも大きな問題が生じないような「取決め」を行っておくことが重要です。初めは単なる趣味でチャンネルを開設したという認識であるかもしれませんが，収益を得るほど規模の大きなチャンネルを運営している場合には，「事業」という認識を持つことが必要です。事前に取決めをしておくべき事項としては以下が挙げられます。

(1)　チャンネルの帰属主体

　まず，チャンネルをどちらが「所有」するのかという問題です。破局したカップルYouTuberの中にはその後，個人チャンネルとして運用を継続していきたいと考えている人もいます。双方がそのように考えている場合もありますが，新たなチャンネルを開設するよりは，多くの登録者を得た既存のチャンネルを運営し続けたいと思うのは当然でしょう。こうした事態を想定し，あらかじめチャンネルの所有者を明確にしておくことが重要になります。

(2)　動画の収益分配

　破局後の問題として最も多いのが収益に関する問題です。広告収入を一方にしか帰属させることはできなくても，破局後も動画の公開を継続していた場合には収益は生じ続けます。

　収益分配については決める事項が大きく2つに分かれます。まず，1つ目は何を分配するかです。Google AdSenseアカウントの登録者が指定した口座に振り込まれる収益はいわゆる売上げそのものです。これを2人で分けるのか，若しくはここから経費等を抜いた利益を分けるのかによって双方が受け取る金額は変わってきます。

　2つ目はどのように分けるか，という問題です。全ての動画について共通の割合で分配するのか，動画ごとにその割合を変更するのかというパターンが考えられます。動画によって変更する場合には編集作業をどちらが行ったのか等が基準になってくるでしょう。

(3)　動画の削除

破局した場合に，動画を削除するのかどうかも重要な問題です。そのため，破局前に撮影・公開された動画を削除するのか否かについても相談しておく方がよいでしょう。前述のように，企業案件の動画も公開するチャンネルついいては，普通の動画は削除するが，企業案件動画は削除せず公開しておくという取決めも可能でしょう。

(4)　取決めの内容を「何らかの形」で残す

以上のような取決めに関しては，契約書によることが，「双方が取決めに合意したこと」，「その取決めの内容が明確になる」という意味で最も効果的です。破局後にトラブルになってしまった際には，証拠としてトラブルの深刻化を防ぐことができます。ただ，カップルYouTuberの場合は，現実問題として，カップル間で契約書締結を行うのは，心理的抵抗が大きいという問題もあると思われます。ただし，契約は双方の合意があれば契約書がなくとも成立するので，例えばLINEで箇条書きの「取決め」を送り，LINE上で「その内容で大丈夫です」等といった，同意する旨の返信を受けておき，そのスクリーンショットを残しておくだけでも，何もないよりははるかによいといえます。

　円満なうちにカップル間で契約を締結することに対して心理的抵抗を持つカップルもいるでしょうが，YouTubeの運営は立派な事業であるという認識を持つことができれば，取決めを行うことは難しくはないはずです。

🔍 契約の成立

　2020年4月に改正された民法では，「契約の成立」に関する部分が改正されました。

　改正民法522条では，「契約の成立と方式」について，

　522条（契約の成立と方式）
　① 契約は，契約の内容を示してその締結を申し入れる意思表示（以下「申込み」という。）に対して相手方が承諾をしたときに成立する。

　②　契約の成立には，法令に特別の定めがある場合を除き，書面の作
　　成その他の方式を具備することを要しない。

としており，民法では契約は締結を申し込み，それを相手方が承諾をした際
に成立すると定めています。「申込み」は承諾があれば契約を成立させると
いう法的な効果を期待する「意思表示」であり，「承諾」は申込みに応じて
契約を成立させるという「意思表示」です。

第 2　誹謗中傷に関する問題

))) 21　YouTube動画によって誹謗中傷を受けた場合の対応

🔍 キーワード

#ハンドルネーム　#収益化　#チャンネル登録者数　#タイムリミット

> ▶**Q**　①YouTubeには，いわゆる「物申す」系の動画もアップ
> ロードされています。こうした動画で誹謗中傷を行った者，つ
> まり，当該動画をYouTubeに公開したYouTuberに対し，損害賠償請
> 求を行うことができるでしょうか。②できるとすれば，そのためには，
> 通常の発信者情報開示の手続が必要でしょうか。

⏮ ⏸ ⏭ 🔊　　　　　　　　　　　　　　💬 ⚙ ▣ ▭ ⛶

▶**A**　①YouTubeには，YouTuberが社会問題や他のYouTuber同士
のトラブル等について言及を行う動画等もアップロードされていま
す。こうした動画は，その内容次第では，言及を受けた者にとって，名誉毀
損といえる内容です。そうした場合，誹謗中傷を行った者，つまり，当該動
画をYouTubeに公開したYouTuberに対し，損害賠償請求を行うことがで

きる可能性があります。②多くのYouTuberは，チャンネル名やハンドル
ネーム，自身の顔などを公開していても，本名や住所を公開してはいません。
しかし，YouTuberの住所氏名を特定するには，通常の手続以外に，もう一
つの方法が可能な場合があります。

◀▌　解　説　▐▶

　損害賠償請求は，相手方の住所氏名が分からなければ行えません。
YouTube動画で誹謗中傷を受けた場合にも，当該動画の投稿者，つまり相
手方YouTuberの住所氏名を特定する必要がありますが，これには，大きく
分けて，2つの方法があり，「相手（YouTuber）によって，どちらの方法を
用いるべきかが異なる」ということになります。そして，方法選択を間違っ
てしまうと，特定に失敗するリスクや，特定までに無駄な費用や期間を要す
るリスクがあります。

1　誹謗中傷を受けた場合の投稿者特定の基本

　YouTubeに限らず，匿名掲示板やブログなどを含め，インターネット上
で何らかの誹謗中傷被害を受けてしまった場合，投稿者を特定するための基
本的な方法は，Q23で解説する，いわゆるプロバイダ責任制限法で規定され
ている，発信者情報開示請求です。

2　YouTubeの投稿者特定

　YouTubeの場合も，この流れで動画の投稿者，つまり，その誹謗中傷動
画をYouTubeにアップロードしたYouTuberの住所氏名の開示を行うことが
可能です。ただし，YouTubeの場合は，もう1つの方法があり得ます。

(1)　収益化されたYouTubeチャンネルの場合

　少しややこしくなりますが，そもそも発信者情報開示請求の基本的な方法
では，なぜ最初にサイト運営者に対し，「投稿が行われた際の投稿者のIPア
ドレス」の開示を求めるのでしょうか。それは，「多くのインターネット上

のサイトは，匿名で投稿が可能であり，いい換えると，サイト運営者は，そもそも問題の誹謗中傷投稿を行ったのが現実世界の誰なのかを把握していないから」です。

つまり，サイトの運営者に対して，「誹謗中傷投稿を行った者の住所氏名を開示せよ」と求めても，「そもそも我々（運営者）も，誰が投稿したのか知りません」という回答になってしまうのです。ただ，サイト運営者は，投稿を行った者のIPアドレスだけは，把握しているケースが多く，そこで住所氏名ではなく，IPアドレスの開示を請求するというわけです。YouTubeの場合も，「動画投稿者」ではなく「コメントを付けているユーザー」との関係では，IPアドレスの開示から始め，誹謗中傷コメントを行ったユーザーの住所氏名の特定を求めることが基本になります。

しかし，YouTubeの場合，一部のYouTuberとの関係では，YouTube運営は，その住所や氏名を把握しています。これは，いわゆる「収益化」のためです。YouTubeには，「YouTubeパートナープログラムの概要と利用資格」に明らかなように，一定の条件を満たしたチャンネルについては，パートナープログラムによる収益化，つまり，動画を見た人との関係でYouTuberが広告収入を得ることができる，というシステムがあります。

そして，この収益化を行う際には，以下の流れが必要となります。

- YouTubeとGoogle AdSenseの設定を行う
- Google AdSenseにて，銀行口座や住所の登録を行う
- 登録した住所に届く郵送物に記載されたPINコードを入力し，正しい住所であるという認証を受ける

つまり，YouTubeに投稿した動画で広告収入を得るためには，Googleに対し，少なくとも，振込可能な銀行口座や，郵便物が届く住所を申請する必要がある，ということです。要するにYouTubeを運営するGoogleは，収益化されているチャンネルの運営者の銀行口座，住所や氏名を把握していることになります。

⑵　収益化されているか否か

あるチャンネルが収益化されているか否かは，そのチャンネルの外見から

即座には判断できません。ただ，Googleが公開している収益化の基準である「YouTubeパートナープログラムの概要と利用資格」によれば，以下のようになっています。

- すべてのYouTubeのチャンネル収益化ポリシーを遵守している。
- YouTube パートナー プログラムを利用可能な国や地域に居住している。
- チャンネルに有効なコミュニティ ガイドラインの違反警告がない。
- 有効な公開動画の総再生時間が直近の12か月間で4000時間以上である。
- チャンネル登録者数が1000人以上である。
- リンクされているAdSenseアカウントを持っている。

　特に重要かつ外部から見分けることが可能なのは，チャンネル登録者数が1000人以上，という点でしょう。つまり，チャンネル登録者数が1000人未満の場合，そのチャンネルが収益化されておらず，したがってGoogleが当該YouTuberの住所氏名を把握している可能性は低い，ということです。ただ，チャンネル登録者数が1000人以上であったとしても，必ずそのチャンネルが収益化されているとは限りません。この識別は難しいのですが，少なくとも，当該YouTuberが動画内で「収益化を行っている」と明言している場合などは，収益化が行われている，ということになります。

　まずYouTubeの収益化条件を満たしているか確認した上で，8分以上の動画の途中に広告が出るか出ないかで判断ができます。収益化しているチャンネルでは動画の途中に任意で広告を表示することができます。逆に収益化していない動画では動画の前後にしか広告が流れません。ただし，チャンネル自体は収益化できていても動画単体で広告が表示されないケースもあります。そのチャンネル内の動画をいくつか確認することでより確実に判断することが可能です。

　そして，収益化されているチャンネルか否かで，YouTuberの住所氏名特定手続には，違いが生じます。

(3)　収益化が行われていない場合の特定手続

　通常の「IPアドレス開示」→「ログ保全」→「住所氏名開示」という流れになります。そして，基本的に，「IPアドレス開示」の手続は「仮処分」という，

裁判所を用いる迅速な手続になります。これは，動画投稿から「ログ保全」までを，３か月以内に終わらせないとログが消失してしまい，「住所氏名開示」が不可能になる，という危険があるために認められている制度です。いい換えると，上記の方法は，動画が投稿されてから遅くとも１〜２か月以内に開始しないとタイムリミットの問題により失敗してしまうという，極めて迅速性が求められる手続です。

(4)　収益化が行われている場合の特定手続

収益化が行われている場合には，最初からGoogleに対し，当該動画のチャンネル運営者の住所氏名の開示を求めればよいことになります。

ただ，この手続は，「仮処分」という手続では実現できません。住所氏名の開示の場合，「速やかに開示されないとログが消えてしまう」という問題がないため，迅速な仮処分手続ではなく，正式な訴訟を用いなければならないという運用が行われているからです。訴訟は，どうしても一定の期間が必要な手続です。仮に動画が投稿された当日から弁護士が動き始めても，訴訟提起，裁判所による審理，判決までには，ほぼ間違いなく，３か月以上の期間がかかってしまいます。

3　手続選択を間違ってしまうことによるリスク

前述した事情により，YouTubeの動画で誹謗中傷被害を受け，投稿者特定を目指す場合，まず「初手」として，以下の３つの選択肢があります。

① 収益化が行われていないと考え，「仮処分」でIPアドレスの開示を請求する
② 収益化が行われていると考え，「訴訟」で住所氏名の開示を請求する
③ その双方を行う

そして，①の「仮処分」を提起するという方法の場合には，どうしても，「IPアドレス開示」→「ログ保全」→「住所氏名開示」という３段階の手続が必要なので，トータルの期間や費用が，ある程度必要となってしまいます。②

の方法だけでYouTuberの住所氏名特定ができるケースで，そのことに気付かず，この方法を用いてしまうと，期間や費用が過分に必要となってしまうことになります。

　「訴訟」を起こす場合，動画投稿後3か月以上が経過してから，「GoogleはそのYouTuberに関して，住所や氏名を把握していなかった（したがってそれを開示しようがない）」ということが判明する危険があります。つまり，①の方法でなければ特定が不可能だったのに，そのタイムリミットの後で，そのことが判明して投稿者特定が不可能になる，という可能性があるわけです。

　YouTuberによるYouTubeに投稿された動画による誹謗中傷の投稿者特定は，「そもそもGoogleは，そのYouTuberに関して，どのような情報（IPアドレス，住所，氏名）を把握しているのか」によって「ベスト」な手続が変わる，かなり専門性の高い業務となります。無駄な手続を行うことになり費用や期間が過分に必要となるリスク，タイムリミットの関係で特定に失敗してしまうリスクがあるわけです。

用語解説

Ｑ ＜ 収益化の基準と不承認

　総再生時間とチャンネル登録者数に関する参加基準を満たしているとして応募したチャンネルは，YouTubeの審査チームによって，YouTubeの収益化ポリシー，コンテンツポリシー，著作権ポリシーに違反していないことが確認されます。参加基準を満たし，YouTubeのすべてのガイドラインを遵守するチャンネルのみがパートナープログラムへの参加を許可されます。

　申込みが承認されなかった場合，審査担当者によってチャンネルの大部分がYouTubeのポリシーとガイドラインを遵守していないと判断されたことになりますが，不承認のメールを受け取ってから30日が経過すると，再度申し込むことができます。

🔊 22 YouTubeのコメントで誹謗中傷被害を受けた場合の削除方法

🔍 キーワード

#誹謗中傷　#削除請求　#プロバイダ責任制限法　#仮処分　#疎明　#審尋

> ▶Q　　YouTubeでは公開されている動画にコメントを投稿したり，他の視聴者のコメントにスレッド形式で返信したりすることができますが，YouTubeのコメントにより誹謗中傷被害を受けた場合，①コメントの削除をYouTubeに求めることは可能ですか。②削除してもらえなかったら，どのようなことを行うとよいのでしょうか。

⏮ ⏸ ⏭ 🔊　　　　　　　　　　　　　🔲 ⚙ 🔳 ⬜ ⛶

▶A　　①YouTubeの任意による削除を求める方法には，３つの方法があります。これらを試してみるとよいでしょう。②YouTubeが任意にコメントを削除しない場合には，削除請求権に基づき，仮処分手続により削除請求をすることが可能です。

◀ 解　説 ▶

1 誹謗中傷コメントの削除

　誹謗中傷を内容とするコメントが投稿されて人格権が侵害されている場合，侵害を除去するためには，当該コメントを削除する必要があります。もっとも，被害者は自らの手でコメントを削除することはできません。そこで，侵害除去のため，当該コメントを削除するよう請求することが考えられます。人格権侵害に基づく削除請求については，明文上の根拠はありません。もっとも，人格権は排他性を有する絶対権であり，侵害に対して削除請求権が存在することが判例・解釈上認められています。

　投稿を削除する方法としては，大きく分けてYouTubeの任意による削除を求める方法と，上記削除請求権に基づき，裁判上の手続により強制的に削除をさせる方法があります。

(1)　YouTubeの任意による削除を求める方法

　YouTubeの任意による削除を求めるには，3つの方法があります。

> ①　コメントの横にある「報告」という項目からの削除申請は，YouTubeのコミュニティガイドラインに反する不適切なコメントについて削除を求めるものです。コメントの右端から「報告」をクリックし，違反項目に近い項目を選択し報告をして行います
> ②　プライバシー侵害があるコメントに対する「プライバシー侵害の申し立て手続き」による削除申請は，プライバシーを侵害するコメントについて，侵害内容の詳細を報告して削除を求めるものです。専用フォームから行います
> ③　違法なコメントに対する「YouTubeからコンテンツを削除する」からの削除申請についても，専用フォームから行います

　これらの申請がされたコメントについて，YouTube側で審査が行われ，コミュニティガイドライン等に違反しているコメントと判断されれば，当該コメントは削除されることになります。

　利用規約の定める禁止コメントのどれかに該当するからといって，必ず削除を認めてもらえるとは限りません。YouTubeにとっては誹謗中傷を行うユーザーも利用者の1人であり，過度な規制をすることで利用者を減らしてしまうことを危惧するからです。

　YouTubeに対する削除請求が認められなかった場合には，「特定電気通信役務提供者の損害賠償責任の制限及び発信者情報の開示に関する法律」（「プロバイダ責任制限法」）に基づき，Googleに対して送信防止措置依頼を行うこともできます。送信防止措置は削除と同じ効果がありますが，依頼を受け入れるか否かはGoogleが判断するため，必ず認められるとは限らない点に注意が必要です。

　こうした，Google自身による削除が認められない場合には，記事削除を裁

判所に申請するという方法を考えることとなります。

(2)　裁判により強制的に削除をさせる方法

　記事削除を裁判所に申請する場合には，「裁判」つまり訴訟ではなく，「仮処分」を用いることができます。誹謗中傷対策における記事削除の仮処分とは，「そのコメントが違法かどうかは訴訟でじっくり決めるとして，訴訟を行っている間ずっとコメントが掲載されていると被害が拡大するので，とりあえず，そのコメントは違法だということにする」という「仮の地位を定める仮処分」に当たります。この仮処分が認められれば（仮処分についての裁判所の判断は「判決」ではなく「決定」という形で行われますが），当該のコメントは「とりあえず違法ということになる」ので，削除されることとなります。記事削除には裁判ですと3〜12か月程度は必要で，場合によっては年単位となりますが，仮処分であれば1〜2か月程度で終わるケースが多くなります。訴訟を利用するメリットはありません。

ア　裁判の手続

　仮処分手続による誹謗中傷コメントの削除を求める場合，まず，裁判所に「記事削除の仮処分命令の申し立て」を行います（民事保全法23条2項）。仮処分の要件は「保全すべき権利」と「保全の必要性」です（同法13条1項）。「保全すべき権利」は削除請求権なので，誹謗中傷コメントによって名誉やプライバシーといった人格権が侵害されている旨の主張立証，及び，違法性阻却事由の不存在についての主張立証が必要です。

　裁判も仮処分も，上記のような主張は証拠によって基礎付けられている必要があるのですが，仮処分の場合，「保全すべき権利又は権利関係及び保全の必要性は，疎明しなければならない」（同条2項）とあり，被保全権利及び保全の必要性の立証は，その迅速性，暫定性から，任意的である口頭弁論を開くか否かにかかわらず，証明ではなく，疎明で足りるとされ，その程度は，これを行わないで仮差押えや係争物に関する仮処分を発する場合のそれよりは高度であり，通常の民事訴訟の請求認容の場合の心証の程度と大差ないと一般にされています。これらについて主張すべき内容については，侵害される人格権の種類によって変わります。「保全の必要性」としては，コメントが現に公開され続けていることを主張立証することになります。疎明資料と

しては，コメントの印刷物やスクリーンショット，被害者の陳述書等が考えられます。

　裁判所に対して仮処分の申立てを行うと，仮処分命令は原則として「口頭弁論又は債務者が立ち会うことができる審尋の期日を経なければ，これを発することができない」（民事保全法23条4項）ので，「審尋」が行われます。審尋の結果，権利侵害が認められ，保全の必要性があると判断されたら，「担保決定」となるので，裁判所が決定した担保金を法務局に供託せねばなりません（同法14条1項）。供託の手続を経ると，仮処分命令が発令されます。仮処分で「違法」と判断された記事は，訴訟でも同様に「違法」と判断される可能性が高いので，ほとんどの場合において命令を受けたプロバイダは，「仮処分で違法となった時点で記事を削除し，その後訴訟が提起されなくても復活させない」という運用をしています。その後は担保に供した金銭を裁判所から回収し，手続は終了となります。

イ　裁判管轄

　仮処分の債務者は，YouTubeの運営主体であるGoogle LLCです。削除請求の相手方としては，コメントの投稿者本人，サイト管理者であるYouTube LLC，サーバー管理者であるGoogle LLCが考えられますが，仮処分命令が発されたとしても個人の場合は任意の削除を行わない可能性があるので投稿者本人を相手方とすることが適切な場面は多くはありません。また，YouTube LLCの代表はGoogle LLCなので，資格証明書の取得の必要性等を考えるとGoogle LLCを相手方とするのが適切です。

　管轄については，債務者であるYouTube LLC及びGoogle LLCは外国法人であるため，国際裁判管轄が問題となります。これらの者は民事訴訟法3条の3第5号「日本において事業を行う者」に当たるため，日本国内の裁判所に裁判管轄が認められます（最一小判平成26年4月24日民集68巻4号329頁）。なお，海外法人を債務者とする場合には管轄上申が必要となります。また，相手方に訴訟行為をするための授権があることを裁判所が確認するために，資格証明書を提出する必要があります。土地管轄については，上記の者はいずれも日本国内に拠点を有していないため，同法4条の普通裁判籍の規定の適用はなく，同法5条の特別裁判籍の認められる土地の裁判所に管轄が生じます。

そして，削除請求は同法5条9号の「不法行為に関する訴え」に当たるので，「不法行為があった地」に管轄が生じます。「不法行為があった地」には結果発生地を含むため（上記平成26年判決），誹謗中傷により結果が生じたと解される被害者の住所地に管轄が認められます。

プロバイダ責任制限法

　プロバイダ責任制限法（特定電気通信役務提供者の損害賠償責任の制限及び発信者情報の開示に関する法律）は，「特定電気通信による情報の流通によって権利の侵害があった場合について，特定電気通信役務提供者の損害賠償責任の制限及び発信者情報の開示を請求する権利につき定めるもの」（プロバイダ責任制限法1条）であり，インターネット等において権利侵害があった場合に，その損害に対してプロバイダが負う責任の範囲を制限する代わりに，被害者がプロバイダ等が保有する発信者情報の開示を請求する権利があることを定めた法律です。

疎　明

　疎明とは，ある事実の存否について裁判官が一応確からしいという心証を得た状態にすることをいい，手続上の事項については迅速な処理のため，証明まで要求することは適当でないので，疎明でよいとされる事項が法定されています。

審　尋

　審尋とは，決定で終結する民事手続において，当事者の双方又は一方，あるいは利害関係人が，紛争に関して意見や主張を裁判所に提出する訴訟行為であり，民事訴訟法87条2項，335条などで，審尋を行うことができるとされています。

　仮の地位を定める仮処分のように債務者審尋を必要とする民事保全事件では，債権者面接後，担保決定までに債務者に対する呼出しの手続を経て債務者審尋期日が開催されます。事案にもよりますが，債権者面接を経て補正等が完了してから1週間程度後の日が債務者審尋期日として指定されます。こ

れに先立ち，債権者は債務者に対して速やかに申立書を含む主張書面及び書証について直送をしなければなりません（民事保全規則15条）。債務者審尋期日は複数回開催されるときでも，1週間から2週間の間隔で指定され，不当に手続が遅延することのないように早期に終結するのが通例となっています。

◀))) 23 YouTubeのコメントで誹謗中傷被害を受けた場合の投稿者特定方法

🔍 キーワード

#発信者特定　#発信者情報開示請求　#プロバイダ責任制限法　#プロバイダ
#発信者情報

▶**Q**　YouTubeのコメントで誹謗中傷を行う相手に対しては，①どのような法的対応が可能でしょうか。②どのような方法をとれば，投稿者を特定することができるのでしょうか。

▶**A**　①発信者を特定すれば，民事訴訟を起こし，損害賠償請求などを行うことが可能となります。②発信者情報開示請求という発信者を特定するための手続を，裁判所を通じて行って，裁判で認められれば，投稿者の住所や氏名が分かります。

◀ 解　説 ▶

　YouTubeを用いた権利侵害の場合でも，発信者を特定し，損害賠償請求などを行うことは可能です。

1　発信者特定

　インターネットで風評被害を受けた場合，当該のコメントを削除しただけでは問題を解決したことにならない場合が多くあります。誹謗中傷のコメントが削除されても繰り返しコメントを行ったり，別のプロバイダのホームページや掲示板，SNS等に同じ内容のコメントを書き込む者もいます。そうなると，個別のコメントを削除しても，いたちごっこになってしまい，被害者の損害回復には，あまり役立ちません。事件の再発を効果的に防ぐためには，発信者を特定し，きちんとペナルティを科す必要があります。

　一般に，インターネット上の違法な投稿により名誉毀損や誹謗中傷を受けた場合，そのような記事やコメントを掲示板などのサイトに投稿した発信者は被害者に対して民法上，不法行為に基づく損害賠償責任を負い，被害者は，発信者に対して，不法行為に基づく損害賠償請求をすることができます。また，投稿の内容によっては，名誉毀損罪や業務妨害罪等の刑事上の犯罪が成立します。この場合，発信者は刑事上の責任をも負います。しかし，インターネット上の情報流通は匿名で行われることがほとんどであって，発信者がどこの誰なのかが分からないのが普通です。発信者が誰かを特定できないと，誹謗中傷を受けた被害者は，損害賠償を請求することもできません。

　「プロバイダ責任制限法」は，このような匿名性の強いインターネット上での被害者に対して，発信者の特定を可能とする手段を規定しています。

2　プロバイダ責任制限法

　プロバイダ責任制限法は，インターネット上で名誉毀損や著作権侵害などの問題が生じた際の，プロバイダや掲示板管理者に問われる責任を規定しています。この場合，「プロバイダ」とは電子掲示板（BBS）の管理者など（コンテンツ・サービス・プロバイダ）とは限らず，インターネット・サービス・プロバイダ（経由プロバイダ）をも含むものとして用いられています。

　プロバイダ責任制限法が施行されたことにより，権利を侵害する書き込みに関する被害者は，書き込みを行った当事者の情報が得られない場合には，

プロバイダに情報の削除を依頼できることとなり，削除依頼を受けたプロバイダは，適切な措置を執った後で，該当する情報を非公開にしたり削除したりといった措置を執ることができるようになりました。また，被害者は，「侵害情報の流通によって当該開示の請求をする者の権利が侵害されたことが明らかであるとき」で，「当該発信者情報が当該開示の請求をする者の損害賠償請求権の行使のために必要である場合その他発信者情報の開示を受けるべき正当な理由があるとき」には，情報開示をプロバイダに対して求めることができることとなりました（プロバイダ責任制限法4条）。

(1)　「権利が侵害されたことが明らかであるとき」とは

「権利侵害の明白性」は，多くのケースで問題となりますが，発信者情報開示請求の対象となるインターネットでの違法行為には，いくつかの類型があります。

- 名誉毀損・信用毀損が成立すること
- プライバシーの侵害があること
- 著作権侵害があること

これらの権利侵害が明らかであるときに，発信者情報開示請求が認められています。

(2)　「正当な理由があるとき」とは

この要件は，開示請求者が発信者情報を取得することの合理的な必要性があることを意味しています。

- 発信者に対する削除要請のために必要であるため
- 民事上の損害賠償請求権の行使に必要であるため
- 謝罪広告などの名誉回復の要請に必要であるため
- 差止め請求権の行使に必要であるため

上記のような場合に，「正当な理由がある」と認められています。発信者情報開示請求の制度趣旨をそのまま実現しようとする場合が，認められる典型的なケースとなるわけです。一方，報復のような不当な目的のために開示を受けようとする場合や，既に賠償金が支払済みであるなど，法的手段をと

る必要性がなくなっている場合などには，認められません。

　YouTubeのコメント削除を要請し，損害賠償を請求するのであれば，発信者情報を取得することの合理的な必要性があるといえます。

　⑶　「発信者情報」とは

　上記の要件が全て満たされたとき，発信者情報の開示を受けることができます。

　条文では，「法律第4条第1項に規定する侵害情報の発信者の特定に資する情報であって総務省令で定めるもの」の開示を受けることができますが，2020年の改正により電話番号が追加されたので，次の8つとなっています。

① 発信者の氏名又は名称
② 発信者の住所
③ 発信者の電話番号
④ 発信者の電子メールアドレス
⑤ 侵害情報に係るIPアドレス
⑥ 侵害情報に係る携帯電話端末等からのインターネット接続サービス
　利用者識別符号
⑦ 侵害情報に係るSIMカード識別番号
⑧ 侵害情報が送信された年月日及び時刻（タイムスタンプ）

3　IPアドレス開示請求から始まる方法

　発信者情報開示は，2020年の総務省令改正以後，「IPアドレス開示請求から始まる方法」と「電話番号開示請求から始まる方法」という，2通りの方法が可能となりました。

　YouTubeのコメントの場合には，一般には，「IPアドレス開示請求から始まる方法」の手続となります。

　YouTubeで誹謗中傷コメントの投稿が行われた場合には，管理者であるGoogle LLCに対する発信者情報開示請求を行うことになりますが，この手続で，直ちに投稿者（の住所や氏名）を特定できるわけではありません。

YouTubeでコメントを投稿するには，Googleアカウント（若しくはYouTubeアカウント）が必要ですが，フリーのメールアドレスがあれば登録できてしまいます。そのため，Google LLCは，投稿者の氏名等の情報を把握していないことが多いからです。

(1)　コンテンツ・サービス・プロバイダに情報開示請求をする

　まず，掲示板の管理者であるコンテンツ・サービス・プロバイダに対して，YouTubeの場合にはGoogle LLCに対して，発信者情報開示請求を行います。掲示板やブログの場合，サイトの運営者らは誹謗中傷を書き込んだ人物の氏名を把握していないことが多いのですが，書き込みが行われたときのIPアドレス（ログ）は通常，一定期間は保存しています。IPアドレスが分かれば，そこから書き込んだ人物を割り出し，特定者投稿を行うことが可能となります。

　発信者情報を開示させるには，サイトの運営者（運営会社）に対して「発信者情報開示請求書」という文書を提出する必要があります。この発信者情報開示請求書は，ひな形（テンプレート）に従って記入し，身分証明書を添えて，サイト運営会社に書留で郵送します。発信者情報開示請求書には，誹謗中傷が書き込まれたサイトのURL（アドレス），請求者の氏名・住所，開示を求める理由などを記載する必要があります。書式は，プロバイダ責任制限法関連情報ウェブサイトで配布されています。

　発信者情報開示請求を行うと，サイト管理者やプロバイダは，請求者の主張が法律上の要件を満たしているかどうかを判断し，発信者情報の開示・非開示を決めます。管理者が任意のIPアドレスの開示請求に応じる場合もありますが，「裁判所による公的判断が下されない限り開示請求には応じられない」とする管理者に対しては，改めて発信者情報開示の仮処分を申し立てることとなります。プロバイダ側からすれば書き込みをした人物は顧客ですし，個人情報保護の観点からも，プロバイダが任意の情報開示請求に応じてくれるケースは少ないというのが現状です。

(2)　発信者情報開示の仮処分申請をする

　コンテンツ・サービス・プロバイダが任意の情報開示請求に応じなかった場合，「裁判」ではなく「仮処分」を用います。「裁判」と異なり，手続が迅

速な点が特徴的な「仮処分」を用いるのは，発信者情報開示の場合では「速やかにIPアドレスを開示させないと，投稿者の住所氏名特定が不可能になってしまう」からです。発信者のアクセスログは，短期間で廃棄されてしまう可能性があり，時間のかかる通常の裁判手続では，手遅れになってしまいかねないので，実務上開示を命じる仮処分が認められています。

「IPアドレス」とは，インターネット上における，「住所」に相当する情報であり，インターネットに接続しているあらゆるマシン，自宅のパソコンやスマートフォンなどは，固有のIPアドレスという住所情報を持っています。インターネットの仕組み上，投稿者はIPアドレスがなければ，通信を行うことができません。あるサイトに接続したり，投稿が行われたりしたという場合，サーバーにはその投稿者のIPアドレスとアクセスした時間である「タイムスタンプ」が記録されています。

通常のサーバー管理者は，IPアドレスとタイムスタンプを記録しているので，「この違法な投稿を行った者のIPアドレスとタイムスタンプを開示してくれ」と求めることとなりますが，この2つについては，開示の仮処分が認められることが多くなっています。

⑶　経由プロバイダを特定する

投稿者のIPアドレスから，経由プロバイダを特定します。

IPアドレスには「この範囲からこの範囲は誰が管理している」という，「割り当て」のような概念があるので，IPアドレスにより，例えば，「この投稿を行ったのはソフトバンクユーザーだ」ということまでは分かりますし，JPRS（日本レジストリサービス）が運用するWHOISなどで，当該IPアドレスの経由プロバイダを調べることもできます。

⑷　経由プロバイダに発信者情報消去禁止の仮処分申請をする

次に，経由プロバイダを訴えることとなります。これは，「この時間にこのIPアドレスで接続していた人間の住所氏名を開示せよ」という請求です。

ソフトバンクのような携帯キャリア，KDDIのような固定回線の経由プロバイダは，契約時にユーザーの住所氏名を取得しており，また，「ある日時にあるIPアドレスを，どのユーザーに割り当てていたか」というログを記録しています。だから経由プロバイダを訴え，勝訴すれば，当該投稿を行った

者の住所・氏名が開示されます。しかし，問題は，その時間的限界です。

アクセスの記録は，極めて膨大な数です。携帯キャリアであれば数千万人，経由プロバイダでも数百万人分の，上記のようなログを記録しています。したがって，経由プロバイダは，ログを一定期間で削除します。携帯キャリアであれば3か月程度，固定回線の経由プロバイダでせいぜい1年程度しか記録を残しません。そのため，投稿から訴訟提起までの間に時間をかけてしまうと，その間にログが消えてしまいます。特に携帯キャリアの場合，この時間制限は極めて重要で，わずか3か月しか残されません。例えば，「1か月前の投稿に関して仮処分の申立ての依頼を受け，書面や証拠を2週間で整え，サイトを相手に仮処分申立てを行い，相手方も反論してきたことで2週間かかり，その後1週間でIPアドレスの開示を受けた」とすると，もうこの時点で残り時間はわずか2週間程度です。どこかで余分に時間を使ってしまっていたら，投稿者特定に間に合わなくなってしまいます。

また，サイト管理者等のコンテンツ・サービス・プロバイダから発信者情報であるIPアドレスやタイムスタンプ等の開示を受けた後に，経由プロバイダに対して発信者の氏名等の開示を求めることになるのですが，経由プロバイダに対する手続は，原則として通常の民事訴訟による必要があります。

通常の民事訴訟の手続が終了するまでには数か月程度を要することが多いため，その間に経由プロバイダに保存されているアクセスログが消去されないように，つまり，証拠がなくなってしまわないように，発信者情報消去禁止の仮処分の手続が必要となります。

なお，経由プロバイダによっては，発信者情報消去禁止の仮処分の手続を用いず，裁判外の任意交渉でアクセスログの保全を求めることができる場合もあります。

⑸　発信者情報開示請求の訴訟

アクセスログの保全ができたら，いよいよ経由プロバイダを相手方とする発信者情報開示請求訴訟を提起し，発信者に関する「住所・氏名・メールアドレス」等の情報の開示を求めます。

プロバイダは原則として発信者の同意がない限り，発信者情報の開示に応じませんから，発信者情報開示請求は訴訟によって行うこととなります。訴

訟の主な争点は，対象投稿等の記載が，原告（開示請求者）の権利を侵害するものであることが明白か否かです。

⑹　裁判所の判決を得て，発信者を特定する

訴えが認められれば，裁判所から経由プロバイダに対し，コメント投稿の際に利用された契約者の氏名，住所，メールアドレス等を開示することを命じる内容の判決が出されます。

発信者情報が開示され，発信者が特定されたら，下記のような選択肢がありますし，この全てを実行することもできます。

- 今後誹謗中傷を行わないと誓約させる
- 民事訴訟を提起し，損害賠償を請求する
- 刑事告訴をする

なお，民法710条に基づく損害賠償を請求する民事裁判においては，個人が原告となる場合には慰謝料を求めることになりますが，判例では，法人が原告となる場合には法人の慰謝料請求権は否定されていますが，最高裁判所は，民法710条を無形の損害についての賠償を認めた規定と理解し，企業については無形の損害を認めている（最一小判昭和39年1月28日判時363号10頁）ので，実務的には，個人の場合には慰謝料を請求し，法人の場合には無形の損害を請求することとなります。

4　電話番号開示請求から始まる方法

なお，発信者情報開示は2020年の総務省令改正までは，「IPアドレス開示請求から始まる方法」が基本的に唯一の手段でしたが，改正により，電話番号登録のあるサイトの管理者に対しては，投稿者の「登録電話番号」の開示を求めることもできるようになり，「電話番号開示請求から始まる方法」も可能となっています。

ただし，投稿者の電話番号が登録されていないサイトやアカウントの場合には，「電話番号開示請求から始まる方法」は，用いることができないので，YouTubeのコメントに対しては，一般的にはこの方法をとることはできま

せん。また，この方法は，サイトの管理者に対して投稿者の「登録電話番号」という個人情報の開示を求めることとなるので，基本的に，訴訟しかありません。

投稿者の電話番号が登録されている可能性のあるサイトは，「Googleマップ（ビジネスプロフィール）」，「Twitter」，「Facebook」，「Instagram」，「Yahoo！知恵袋」，「Yahoo！ファイナンス」です。これらのサイトで匿名アカウントによる誹謗中傷被害を受けた場合，あるいは匿名掲示板での記事削除の後に誹謗中傷の投稿がこれらのサイトに移行した場合には，当該投稿に関するIPアドレスの開示を請求することもできますし，電話番号の開示を請求することもできる可能性があります。

5　改正プロバイダ責任制限法

2021年4月28日に公布された改正プロバイダ責任制限法が施行されることとなり，新たな裁判手続（非訟手続）が創設されました。

コンテンツ・サービス・プロバイダに対する民事保全（仮処分）と経由プロバイダに対する訴訟という2段階の裁判が大変であり，時間がかかるという問題点を解消するために，一体的で簡易迅速な発信者情報開示制度として，従来の制度に加え，新たな発信者情報開示裁判が創設されました。

具体的には「発信者情報開示命令」，「提供命令」，「消去禁止命令」の3つの命令を組み合わせて，1段目も2段目も一体的に進めてしまおうというものです。

実際の手続は，以下のようになります。

① 被害者が，裁判所に対して，コンテンツプロバイダに対する開示命令を申し立てる

② コンテンツプロバイダは，経由プロバイダの名称と住所が判明する場合は，提供命令により，経由プロバイダの名称と住所を被害者に提供する（改正法15条1項1号イ）

③ 被害者が同じ裁判所に対し，経由プロバイダに対する開示命令を申

し立て，コンテンツプロバイダから経由プロバイダに対して，IPアドレス等の発信者情報が提供される（提供命令・同項2号）
④　発信者情報開示請求の要件を満たすと裁判所が判断した場合には，コンテンツプロバイダが保有するIPアドレスや，経由プロバイダが保有する発信者の氏名・住所等が被害者に開示される（開示命令・改正法8条）

　また，この間，発信者特定ができなくなることを防止するため，裁判所は消去禁止命令を発令することができ，各プロバイダはログの保全を行います（改正法16条1項）。このため，裁判所は個々の事案に応じて，発信者の特定について短期で迅速に判断することもできるし，時間をかけて丁寧に判断することもできるということになります。

　これまでのプロバイダ責任制限法上の開示請求権も存置されているので，争訟性が低く訴訟に移行しない事件については非訟手続限りでの早期解決が図られ，非訟手続において異議のある場合には訴訟手続が保障される，異議がない場合には既判力が生じるため蒸し返しの防止が期待できる，請求権も存置されているため裁判外での開示も可能である，といったメリットがあるとされます。

　なお，改正プロバイダ責任制限法では，開示請求を行うことができる範囲の拡大（ログイン型投稿への対応）も行われました。もし投稿先がTwitter，Facebook，Instagram，Googleのようなログイン型サイトに移行や拡大したとしても，発信者情報開示が行いやすくなることが期待されます。

6　管　轄

　発信者情報開示請求は，財産法上の請求ではなく不法行為に関する訴えにも当たらないので，通常の民事事件の管轄となり，原則として，被告となるプロバイダの所在地の管轄裁判所になります（民訴4条1項）。
　国外法人に対して発信者情報開示請求を行う場合，日本国内に事務所又は営業所があり，発信者情報開示が当該の事務所又は営業所の業務に該当する

場合（同法3条の3第4号），又は日本において継続的に事業を行っており，発信者情報開示が日本における事業に該当する場合（同5号）には，日本の裁判所に管轄が認められ，「管轄裁判所が定まらないときは，その訴えは，最高裁判所規則で定める地を管轄する裁判所の管轄に属する」（同法10条の2）のですが，民事訴訟法規則6条の2に，「最高裁判所規則で定める地は，東京都千代田区とする」とあるので，東京都千代田区を管轄とする裁判所である東京地方裁判所になります。

　経由プロバイダは国内企業であるため，国際裁判管轄の問題などはなく，また，要件は前述の仮処分と大まかにいえば同じです。ただ，この段階では，経由プロバイダは投稿者の連絡先を把握しており，投稿者に対する意見照会を行うことが可能なケースが多いため，意見照会手続の実施を前提とした，実質的な反論が，被告側から提出されるケースも少なくありません。例えば，「あるYouTuberが過去に情報商材の販売に関与していた」というコメント内容の非真実性が問題となる事案において，被告である経由プロバイダが，コメント投稿者に意見照会を行い，投稿者が個人的に保存していた過去のウェブページのスクリーンショットのデータを取得し，それを証拠提出する，といった形です。

　勝訴判決を得られれば，経由プロバイダから，当該コメントの住所氏名情報が開示されることとなります。

用語解説

Q ＜ IPアドレス

　インターネットでサーバー等の通信機器に割り当てられる番号のことをいいます。インターネットでページを閲覧したり，メールの送受信を行ったりするには，データの送信元や送信先を識別しなくてはなりません。この識別のために使用される番号がIPアドレスです。

Q ＜ 経由プロバイダ

　インターネット接続サービスを提供している事業者のことをいいます。様々

な呼ばれ方がされており，他にインターネットサービスプロバイダ（ISP），経由プロバイダ，接続プロバイダ，アクセスプロバイダ等の名称があります。

　発信者情報開示請求で請求される経由プロバイダとしては，ドコモ，au，ソフトバンクといった携帯電話事業者や，NTTレゾナントのOCN，ソニーネットワークコミュニケーションズのnuro光，So-net（ソネット），などが多いです。

プロバイダ責任制限法4条

　「特定電気通信による情報の流通によって自己の権利を侵害されたとする者は，次の各号のいずれにも該当するときに限り，当該特定電気通信の用に供される特定電気通信設備を用いる特定電気通信役務提供者（以下「開示関係役務提供者」という。）に対し，当該開示関係役務提供者が保有する当該権利の侵害に係る発信者情報（氏名，住所その他の侵害情報の発信者の特定に資する情報であって総務省令で定めるものをいう。以下同じ。）の開示を請求することができる。

　一　侵害情報の流通によって当該開示の請求をする者の権利が侵害されたことが明らかであるとき。

　二　当該発信者情報が当該開示の請求をする者の損害賠償請求権の行使のために必要である場合その他発信者情報の開示を受けるべき正当な理由があるとき。」

コラム　〜YouTubeのコメント〜

　YouTubeに投稿された動画に対して，視聴者が投稿する質問や感想のことです。YouTubeのコメントに対して投稿者が返信することで，視聴者との交流が深まり，その結果ファンが増えたり，動画の再生数や評価が上がったりといったメリットがあります。一方で，投稿者にとって非常にネガティブな質問や感想の内容がコメントされてしまい，投稿者の評価が落ちてしまうというリスクもあります。さらには，誹謗中傷に当たる悪質なものもあり，

そのコメントの投稿者を特定し，損害賠償の請求を行う，というような法的
紛争へと発展することも少なくありません。

◀))) 24 YouTubeで誹謗中傷を行った場合

🔍 キーワード

#名誉毀損罪　#侮辱罪　#脅迫罪　#信用毀損罪・偽計業務妨害罪
#損害賠償責任

> **▶Q**　①YouTubeで誹謗中傷をしてしまった場合どのような罪に
> 問われる可能性があるのでしょうか。②コメントで誹謗中傷し
> てしまった場合，書き込んだアカウントを消せば損害賠償を請求される
> ことはないでしょうか。

▶A　①名誉毀損罪，侮辱罪，脅迫罪，信用毀損罪・偽計業務妨害罪が
成立する可能性があります。また，不法行為に基づく損害賠償責任
を負う可能性があります。②書き込んだコメントやアカウントを削除しても
損害賠償を請求される可能性はあります。SNSの運営会社には削除したアカ
ウントの情報が一定期間は保管されているため，アカウントが削除されても
身元の特定は可能だからです。

◀ 解 説 ▶

　YouTube上での誹謗中傷は，SNSや匿名掲示板などインターネット上の
それと同じく，いくつかの罪に問われる可能性があります。

1 名誉毀損罪（刑法230条）

　名誉毀損罪について，刑法230条１項では，「公然と事実を摘示し，人の名誉を毀損した者は，その事実の有無にかかわらず，３年以下の懲役若しくは禁錮又は50万円以下の罰金に処する」と，規定されています。

　「公然と」とは，不特定又は多数人が，摘示された情報を認識し得る状態のことをいいますが，YouTubeにおいて動画が公開されている場合，不特定又は多数人が動画を見ることとなるので，この要件を満たします。

　「事実を摘示し」とは，人の社会的な評価を低下させるような事実，証拠によって真偽を確かめられるような事柄を，口頭，文書，図画等の方法で摘示することをいいますが，YouTubeで，誹謗中傷を行った場合，誹謗中傷であれば，人の社会的評価を低下させるような内容が含まれていることが考えられ，また，動画という方法で摘示することも「摘示」に含まれると考えられているので，この要件を満たすケースが多くなります。

　なお，「人の名誉を毀損」といえるためには，具体的に，他人や企業・法人の名誉を毀損しなくとも，抽象的に，他人の社会的な評価を低下させるような事実を摘示すれば足りるものと考えられています。

　以上のように，YouTubeに投稿された他人や企業・法人を誹謗中傷する動画については，名誉毀損罪が成立する可能性があります。ただし，当該行為が，公共の利害に関する事実に係り，専ら公益を図る目的に出た場合において，摘示された事実が真実であると証明されたときには違法性がなく，仮に摘示された事実が真実でなくても行為者において真実と信ずるについて相当の理由があるときには故意・過失がなく，不法行為は成立しないとされています（最一小判昭和41年６月23日判時453号29頁）。

　また，特定の事実を基礎とする意見ないし論評の表明による名誉毀損について，その行為が公共の利害に関する事実に係り，その目的が専ら公益を図ることにあって，表明に係る内容が人身攻撃に及ぶなど意見ないし論評としての域を逸脱したものでない場合に，行為者において右意見等の前提としている事実の重要な部分を真実と信ずるにつき相当の理由があるときは，その故意又は過失は否定されるとされています（最三小判平成９年９月９日判時1618

号52頁）。

2 侮辱罪（刑法231条）

　侮辱罪とは，具体的な事実を告げることなく公然と人を侮辱した場合に成立する犯罪で，刑法231条では「事実を摘示しなくても，公然と人を侮辱した者は，１年以下の懲役若しくは禁錮若しくは30万円以下の罰金又は拘留若しくは科料に処する」と定められています。侮辱罪については，名誉毀損罪と異なり，事実の摘示がなくても成立します。例えば，「バカ」，「ブス」といった暴言や悪口を使った抽象的な誹謗中傷は，名誉毀損には該当しなくても，侮辱罪に該当する可能性があるということであり，YouTubeでも，事実を摘示せずに，他人や企業・法人を誹謗中傷した場合には，侮辱罪が成立する可能性があります。

3 脅迫罪（刑法222条）

　他人を，脅すような言葉で誹謗中傷すると，脅迫罪が成立する可能性があります。刑法222条１項では，「生命，身体，自由，名誉又は財産に対し害を加える旨を告知して人を脅迫した者は，２年以下の懲役又は30万円以下の罰金に処する」とされています（なお，令和４年法律第67号改正により公布の日（６月17日）から３年以内に「懲役」を「拘禁刑」に改めることとなっています）。

　これに該当するような投稿をすると，脅迫罪は非親告罪なので，被害者が刑事告訴をしなくても，処罰されてしまう可能性があります。

　「害を加える旨を告知」，つまり“害悪の告知”をしなければ，脅迫罪は成立しませんが，“害悪”に該当するかどうかは，客観的に判断されるので，被害者が「脅迫」と感じても，「脅迫」にならないことがあり，一般的にはその判断は，状況によって異なるとされています。その例として，若くてたくましい体格の男性が「ケガをさせるぞ」と言った場合と，小さな子どもが「ケガをさせるぞ」と言った場合とでは，客観的に見ても，被害者が感じる恐怖感が異なるという例えが，以前から挙げられてきました。前者の場合に

は“害悪の告知”になり，後者の場合には“害悪の告知”にならないとされてきたのですが，インターネット上では，この例は通用しません。凶暴な男の投稿なのか，子どもの投稿なのか，区別がつかないからです。

脅迫罪が成立するためには“害悪の告知”が必要ですが，法律上では，脅迫罪の害悪の告知方法について，特に制限は設けられていないので，YouTube上で相手を名指しして害悪を告知すれば，脅迫罪となります。

脅迫罪は「相手を畏怖させるような害悪の告知」によって成立する犯罪ですが，実際に相手が「畏怖」する必要はありません。脅迫罪には未遂罪がありません。「脅迫した」時点で「既遂」となってしまうからです。だから，相手が実際におびえたかどうかは関係ないことになります。脅迫罪のように，問題の行為を行うと当然に成立してしまうタイプの犯罪を，「抽象的危険犯」といいます。その行為自体が危険なので，行為が行われた時点で危険が発生し，罪が成立するという考え方であり，刑法108条の現住建造物等放火罪がその代表例とされています。そこで，YouTubeでの発言はもちろん，相手に対して脅迫メールを送ったり，相手のSNSに害悪の告知を書き込んだときには，相手が仮に「怖い」と思わなくても，それが客観的に人を畏怖させるような内容であれば，脅迫罪が成立してしまいます。

④　信用毀損罪・業務妨害罪 （刑法233条）

信用毀損罪・業務妨害罪については，刑法233条で，「虚偽の風説を流布し，又は偽計を用いて，人の信用を毀損し，又はその業務を妨害した者は，3年以下の懲役又は50万円以下の罰金に処する」と定められています。

信用毀損罪において，「人の信用」とは，一般的な信用ではなく，経済的側面における人の信用のことをいいます。具体的には，支払能力又は支払意思に関する信用のことをいいます。

「虚偽の風説を流布し」とは，客観的な事実に反する噂や情報を，不特定又は多数の者に伝播させることをいいます。「偽計を用いて」とは，他人の不知や錯誤などを利用することをいいます。「毀損」とは，人の経済的な信用を低下させ得る可能性があることをいいます。YouTubeで，他人を誹謗

中傷するような動画を投稿した場合，動画の内容が，他人や企業・法人の経済的信用に関するものであれば，信用毀損罪が成立する可能性があります。

業務妨害罪については，信用毀損罪と同じ条文に規定されているので，その構成要件が重なる部分があります。

重ならない構成要件について，「業務」とは，職業その他社会生活上の地位に基づき継続して行う事務又は事業のことをいいます。例えば，YouTubeで，特定の飲食店を誹謗中傷する動画を投稿したとします。その動画を見た視聴者が，当該飲食店にクレームの電話をする，いたずらをするなどの事態が生じ，店が営業できなくなってしまったような場合には，業務妨害罪が成立する可能性があります。ある特定の企業について，そのような事実がないにもかかわらず，「あの会社はブラック企業だ」などと述べた動画をYouTubeに投稿し，その動画を見た視聴者からの苦情が殺到し，通常の業務を行えなくするというような行為も業務妨害に該当する可能性があります。

5　不法行為に基づく損害賠償責任

名誉毀損罪，侮辱罪，脅迫罪，及び信用毀損罪・業務妨害罪は刑事上の責任でしたが，不法行為に基づく損害賠償責任は，民事上の責任になります。

不法行為に基づく損害賠償義務については，民法709条では「故意又は過失によって他人の権利又は法律上保護される利益を侵害した者は，これによって生じた損害を賠償する責任を負う」とされ，民法710条では「他人の身体，自由若しくは名誉を侵害した場合又は他人の財産権を侵害した場合のいずれであるかを問わず，前条の規定により損害賠償の責任を負う者は，財産以外の損害に対しても，その賠償をしなければならない」とされています。

YouTubeで，特定の個人を誹謗中傷する内容の動画を投稿した場合，当該行為が不法行為であるとして，誹謗中傷の被害者から損害賠償請求をされる可能性があり，損害賠償額については，ケースバイケースですが，悪質な誹謗中傷だと判断されれば，高額となる可能性もあります。

損害賠償の方法 🔍

　損害賠償とは，他人に損害を与えた者が被害者に対しその損害を填補し，損害がなかったのと同じ状態にすることをいい，債務不履行に基づく損害賠償と不法行為に基づく損害賠償の2つに分けられます。損害賠償については，原則として金銭によって賠償額が定められます（金銭賠償の原則，民法722条1項，417条）。

　なお，名誉毀損においては原状回復のために適当な処分をとることも民法で認められており（同法723条），不法行為の種類によっては特別法で差止め請求権が認められている場合もあります。

)) 25　VTuberに対する権利侵害は認められるか

🔍 キーワード

#VTuber　#プライバシー権侵害　#「中の人」　#個人の特定

▶Q　①動画配信者が自らの代わりにアバターを画面上に登場させて配信する「VTuber」に対する，プライバシー侵害は認められるのでしょうか。②複数の人間がチームとして関与するVTuber活動の場合でも，権利侵害は認められるのでしょうか。

▶A　①一般に公開を望まない私生活上の事柄を勝手に公開するとプライバシー権侵害になる可能性があります。裁判では，インターネット上で本名や年齢をあえて公開せずに活動している者に関して，その者の本

名や年齢といった個人を特定する情報をインターネット上の掲示板で公開した行為に，プライバシー権侵害が認められていることから，「VTuber」に対しても認められると考えられます。②複数の人間がチームとして関与するVTuber活動であっても，誹謗中傷が誰に向けられたものか認定できる場合には，権利侵害が認められる可能性があります。

> **解　説**

　VTuberが幅広い層からの人気を博すようになっていますが，視聴者の数が増え，人気が過熱するとともにVTuberに対する誹謗中傷も増えることとなり，悪意のある投稿や，本人が公表していない「中の人」のプロフィールを暴露するなどの動きも見られるようになっています。人間（自然人）とも，アニメのキャラクターとも異なる，特殊で新たな存在様式といえるVTuberに対する誹謗中傷やプライバシー侵害には，どのような法的対応が可能なのでしょうか。

1　VTuberと特定性

　ハンドルネームを使っているYouTuberが誹謗中傷された場合には，その法的扱いは芸名を使っている芸能人と同様になります。芸名で活動する芸能人が誹謗中傷されたなら，その芸能人の本名を誰も知らなくても，当該の人物に対する誹謗中傷となります。同様に，YouTuberが本名を公表せずにハンドルネームAとして活動しており，誰もAの本名を知らなくても，Aに対する誹謗中傷となります。それは，「誹謗中傷されているのはAである」と特定できるからです。

　これは，VTuberの場合でも同様です。例えばおとぎ話をモチーフとして活動していたVTuber集団の一員である原告が，本名とおおよその年齢を5ちゃんねるに投稿した氏名不詳者の発信者情報開示を経由プロバイダに請求した事例では，「本名や年齢は個人を特定するための基本的な情報であるところ，インターネット上で本名や年齢をあえて公開せずにハンドルネーム等を用いて活動する者にとって，これらの情報は一般に公開を望まない私生活

上の事柄であると解することができるから，本件投稿は原告のプライバシーを侵害するものであったと認められる」として，情報開示が命じられています（東京地判令和2年12月22日Westlaw 2020WLJPCA12228030）。また，大阪地方裁判所が令和4年8月31日に，「キャラに向けての投稿であっても，女性の人格的利益を侵害している」として開示を命じる判決を言い渡したことからも，引き続き情報開示は行われていくと考えられます（読売新聞オンライン2022年9月1日㈭6時30分配信）。

しかし，VTuberにおいては，特定性が問題となることがあります。VTuberの場合には，「キャラを設定する人」，「アバターを作る人」，「アバターを動かす人」，「声優」等の多くの人がチームとして関与する場合があります。そこで，VTuberが誹謗中傷されたとする場合，チーム内の誰に対する誹謗中傷であるのかを特定できなくなってしまい，権利侵害を問うのが難しいこととなる可能性があります。

2 VTuberと名誉感情の侵害

VTuberであっても，「中の人」が一人であり，誹謗中傷の対象が特定できるとして，名誉感情の侵害が認められた事例があります。

芸能プロダクションに所属していて，「B」という名称のCGキャラクターに本人の音声を合わせた動画を投稿するVTuberが，5ちゃんねるにおける複数の投稿により権利を侵害されたとして，投稿者に対する損害賠償請求権の行使のため，当該投稿に係る経由プロバイダに対し，投稿者の発信者情報の開示を求めたものです。

本件各投稿の内容は，いずれも原告が「B」として，インターネット上で配信した，飲食店で提供された食事を食べきれずに残したというエピソードについて批判的な意見を述べるものでしたが，その中で「片親だから」，「オヤナシだから」，「母親が居ないから」などとして，「B」の行動を原告の生育環境と結び付ける形で批判するものが問題となりました。

原告は，問題となる各投稿はいずれも，原告が父子家庭で育ったというみだりに第三者に公開を欲しない私生活上の事柄を指摘して原告のプライバ

シー権を侵害するものであり，また，そのような生育環境を指摘した上で，偏見と差別的な思想に基づき，社会的な受忍限度を超えて原告のことを不当に侮辱して名誉感情を侵害するものである，と主張しました。

これに対し，被告である経由プロバイダは，「一般的に，VTuberが使用するCGキャラクターは，その舞台裏では，デザインを含めてそれぞれの個性，能力を有する複数の人間がダンス，歌唱，声優その他の特徴をそれぞれ担当し，また，映像編集等も別の人間が担当しているといわれているから，当該キャラクターを特定の人間の人格と重ねてこれに還元することは困難であり，本件の『B』についても，当該キャラクターが原告自身であると考えることはできない」とVTuberの特殊性を指摘し，「本件各投稿が投稿されたスレッドの一般の閲覧者は，VTuber『B』との関係で，原告の存在，個性，キャラクターとの同一性等についての知識を何ら有していないから，本件各投稿で言及されている対象は，『B』であって原告ではない」として，権利侵害を否定しました。

これに対し，裁判所は以下の点を挙げています。

- 原告が所属する芸能プロダクションであるAプロダクションには多数のVTuberがタレントとして所属しているが，その中で「B」として活動しているのは原告のみである
- AプロダクションがVTuberのキャラクターを製作する際には，当該キャラクターとして活動する予定のタレントとの間で協議を行った上で，当該タレントの個性を活かすキャラクターを製作している
- 「B」の動画配信における音声は原告の肉声である
- CGキャラクターの動きは，モーションキャプチャーによる原告の動きを反映したものである
- 「B」としての動画配信やSNS上での発信は，キャラクターとしての設定を踏まえた架空の内容ではなく，キャラクターを演じている人間の現実の生活における出来事等を内容とするものである

VTuber「B」の活動は，単なるCGキャラクターではなく，原告の人格を反映したものであり，本件各投稿で言及されている対象は原告であるとしま

した。

　その上で，権利侵害について検討し，「原告が父子家庭であることは事実である一方で，『B』について，母親がいないとのキャラクター設定は存在しない」のだから，このような事情の下で，「あえて生育環境と結びつけてまで原告を批判する本件各投稿は，単なるマナー違反等を批判する内容とは異なり，社会通念上許される限度を超えて原告を侮辱するものとして，その名誉感情を侵害することが明らかというべきである」(東京地判令和3年4月26日Westlaw 2021 WLJPCA 04268004)とし，プライバシー侵害について判断するまでもなく，名誉感情の侵害が明らかであるとして，経由プロバイダに投稿者の発信者情報の開示を命じました。

　複数の人間がチームとして関与するVTuber活動であっても，誹謗中傷が誰に向けられたものか認定できる場合には，権利侵害が認められる可能性があるといえます。

3　VTuberとプライバシー侵害

　女性VTuberのアイドルグループに所属して活動を行うVTuber「C」の「中の人」を特定する動きがある中で，ファンスレッドにややぼやけた原告の顔写真を添付し，リンクをクリックすると「C」の活動とは全く無関係な原告自身のSNSアカウントに投稿した写真が表示されるようにし，それが「中の人」であると指摘したことに対し，プライバシーを侵害された等として，VTuberが経由プロバイダに対し，投稿者の発信者情報の開示を請求した事例があります。

　被告である経由プロバイダは，VTuber「C」の「中の人」がニコニコ生放送の配信主の「D」であることはインターネット上で多数の者によって公表されており，その顔写真もインターネット上で容易に入手でき，それらの情報は一般に既に知られているので，原告個人に係る情報が第三者に公開されたくない情報であるとは解されず，プライバシー侵害の要件を充たさないと主張しました。

　さらに，「キャラクターがVTuberの本体であり当該キャラクターの裏に

いる生身の人間が明らかでない場合には，当該キャラクターに対する行為は，生身の人間を対象としていないと評価すべきであって，この場合には，当該キャラクターに対する人格権侵害が行われたとしても，生身の人間に対する人格権侵害は問題とならないというべきである」と，VTuberに対する権利侵害の特殊性を主張しました。

　これに対し，裁判所は，「C」というVTuberとして活動するのは専ら原告であり，また，原告がVTuberとしての芸能活動を行うに当たり，所属事務所との間では，原告が一個人として生身で活動を行うことが禁じられるなど最低限の遵守事項が定められていることを挙げて，原告は「C」と自身のプロフィールを結び付ける形で自身の情報を一般に開示してはいない点に着目しました。

　そして，「そもそも着ぐるみや仮面・覆面を用いて実際の顔を晒すことなく芸能活動をする者もいるところ，これと似通った活動を行うVチューバーにおいても，そのVチューバーとしてのキャラクターのイメージを守るために実際の顔や個人情報を晒さないという芸能戦略はあり得るところである」とし，「原告にとって，本件画像が一般人に対し公開を欲しないであろう事柄であったことは十分に首肯できる。ましてや，本件においては，上記1で認定したとおり，原告が『C』が自身であることを積極的に公開していた形跡はなく，所属事務所との間でも一個人として生身で活動を行うことが禁じられていたのである」からとして，原告は本件画像の公開を欲していなかったとして，プライバシー侵害を認め，経由プロバイダに，投稿者の発信者情報の開示を命じました（東京地判令和3年6月8日Westlaw 2021WLJPCA 06088006）。

　なお，裁判所は，本件画像が過去に原告自身がSNSにおいて世間に公開していたものであったとしても，あるいは別人によって「C」を指すものとしてインターネット上で公開されていたとしても，「C」との同一性を示すものとして新たに公開され，あるいは世間に拡散されることを原告が望んでいないことは明らかなのだから，本件画像を投稿した行為はプライバシー侵害となる，としています。

プライバシー侵害の要件

　三島由紀夫によるモデル小説「宴のあと」をめぐる裁判において，東京地方裁判所はプライバシー権を「私生活をみだりに公開されないという法的保障ないし権利」と認容し，プライバシーの侵害を満たす4要件を，
①　私生活上の事実またはそれらしく受け取られるおそれのある事柄であること
②　一般人の感受性を基準にして当該私人の立場に立った場合，公開を欲しないであろうと認められる事柄であること
③　一般の人々に未だ知られていない事柄であること
④　公開によって当該私人が実際に不快，不安の念を覚えたこと
としています（東京地判昭和39年9月28日判時385号12頁）。

コラム ～VTuber～

　バーチャルYouTuber（Virtual YouTuber）は，2016年12月に活動を開始したキズナアイさんがYouTuber活動を行う際に自身を称した名称です。2017年末から2018年にかけてバーチャルYouTuberの文化が急激に拡大し，それにつれて，インターネットやメディアで活動する2DCGや3DCGで描画されたキャラクター（アバター），若しくはそれらを用いて動画投稿・生放送を行う配信者の総称を指す語として使用されるようになり，VTuberという略語が一般化しました。

コラム ～ニコニコ生放送～

　株式会社ドワンゴが提供する動画配信サービスであるニコニコの，ライブストリーミングサービス。登録不要で無料ですが，プレミアム会員や有料チャンネルに登録したり，ニコニコポイントを購入したりした場合には，料金が発生します。

第 3　その他の問題

)) 26　アカウントが停止された場合の対策

🔍 キーワード

#アカウント停止　#利用規約違反　#再審査請求　#異議申立通知

> ▶**Q**　アカウントが停止されてしまいました。①どのような理由が考えられるでしょうか。②どうやって対処すればいいのでしょうか。対処法を教えてください。

▶**A**　①アカウントが停止される理由は２つです。１つはコミュニティガイドラインや利用規約の違反による停止です。もう１つは著作権侵害の申立てによる停止です。どちらの場合でも誤った停止であれば，停止の撤回を要求することができます。②ガイドライン等の違反の場合には，YouTubeのフォームから再審査の請求をし，著作権侵害の場合には自由形式の異議申し立て通知を提出します。

◀ 解　説 ▶

1　アカウントの停止

　YouTubeヘルプへ行き，「問題の報告と処置」＞「コミュニティ ガイドラインの適用」＞「チャンネルまたはアカウントの停止」と進むと，チャンネル又はアカウントの停止について，「チャンネルまたはアカウントが停止されたユーザーは，他のYouTubeチャンネルまたはアカウントの使用，所有，作成ができなくなる場合があります。チャンネルが停止されると，停止の理

由を説明するメールがそのチャンネルの所有者に送信されます」とあり，停止の理由は，コミュニティガイドラインや利用規約の違反による停止と著作権侵害の申立てによる停止の2つがあるとされています。

2 コミュニティガイドラインや利用規約の違反による停止

チャンネル又はアカウントが停止される理由としては，以下が挙げられています。

- 各種コンテンツで，コミュニティ ガイドラインまたは利用規約の違反行為を繰り返した（攻撃的，差別的，中傷的な動画またはコメントを繰り返し投稿するなど）。
- 悪質な嫌がらせ行為（搾取行為，スパム行為，ポルノの投稿など）を1度でも行った。
- ポリシーに違反する行為（ヘイトスピーチ，ハラスメント，なりすましなど）を主に行っているチャンネルまたはアカウントである。

「チャンネルまたはアカウントが誤って停止されたと思われる場合は，こちらのフォームを使用して再審査を請求できます」，「チャンネルIDを含め，フォームにはできるだけすべての項目をご入力ください。提供される情報が多いほど，リクエストの処理はスムーズになります」とあります。ただし，「同じ内容の再審査請求を2回以上送信しないでください。審査対象が増えて対応が遅れるおそれがあります」とあります。再審査が一度認められなかったら，同じ内容での審査が認められることはないようです。

3 違反警告

コンテンツがコミュニティガイドラインに違反しているとされた場合，チャンネルは違反警告を受けます。ユーザーが意図的にではなく，誤ってポリシーに違反してしまったケースもあるので，初回の違反では通常，事前警告のみ発行されます。事前警告が出されるのは1回だけで，この事前警告は

チャンネルに残ります。次のコミュニティガイドライン違反から，違反警告が発行されます。ただし，悪質な嫌がらせ行為は1度でも行うと，事前警告なしでチャンネル停止になることもあります。YouTube側に誤りがあると思われる場合は，再審査請求を行うことができます。

(1)　1回目の違反警告

事前警告を受けた後に再度ポリシーに違反すると，最初の違反警告が発行されることとなります。この違反警告を受けると，以下のことを1週間行えなくなります。

- 動画，ライブ配信，ストーリーをアップロードする
- スケジュールされたライブ配信を開始する
- 動画の公開スケジュールを設定する
- プレミア公開を設定する
- 今後予定されているプレミア公開またはライブ配信の予告編を追加する
- カスタムサムネイルまたはコミュニティ投稿を作成する
- 再生リストの作成，編集，共同編集者の追加
- 動画再生ページで［保存］ボタンを使用して，再生リストを追加または削除

こうしたペナルティ期間中には，スケジュール設定した公開コンテンツが「非公開」に設定されるので，ペナルティ期間終了時に再度スケジュールを設定する必要があります。

機能制限は1週間後に全て自動的に解除されますが，違反警告は90日間チャンネルに残ります。

(2)　2回目の違反警告

最初の違反警告から90日以内に2回目の違反警告を受けると当該コンテンツを2週間投稿できなくなります。その後問題がなければ，2週間後に全ての機能が自動的に回復します。違反警告は発行後90日間有効です。

(3)　3回目の違反警告

2回目の違反警告後90日以内に3回目の違反警告を受けると，チャンネル

はYouTubeから永久に削除されます。

4　アカウント停止の種類

YouTubeアカウントの停止にもいくつか種類（パターン）があります。例えば下記のようなものです。下のものがより重い措置となります。

① YouTubeアカウントが一時的に停止
② YouTubeでの収益化ができなくなる（ログインは可能）
③ YouTubeアカウントが停止・削除されログインできなくなる（新しいアカウントも作成不可）
④ AdSenseアカウントも含めて停止される

①の「アカウントの一時的停止」では，「30日間の停止」など，一定期間の停止措置があります。この場合は指定された期間が過ぎれば自動的に停止が解除されます。この停止期間中にもガイドライン違反などが行われた場合は，解除までにさらに時間がかかる可能性があります。

②の「収益化ができなくなる」は，YouTubeアカウントにはログインができるものの，動画による収益化ができなくなる措置です。特定のチャンネルだけ収益化ができない場合もありますし，所有する全てのチャンネルで収益化ができないこともあります。ただし，収益化ができないのはYouTubeだけなので，AdSenseの管理画面にログインができればウェブサイトの収益化は可能です。

③の「アカウントが停止・削除されログインできなくなる」では，YouTubeアカウントが完全に停止され，その後YouTubeにログインができなくなります。アカウントが停止されると，ヘルプページに「YouTubeアカウントを停止されたユーザーは，そのアカウントへのアクセスおよび他のYouTubeアカウントの新たな所有や作成を禁止されます」とあるように，そのユーザーは新しいアカウントの作成も禁止されます。

④の「AdSenseアカウントも含めて停止される」については，収益化している人にとって最も重い措置が，YouTubeアカウントのみならずAdSense

アカウントまでも停止されてしまうことでしょう。こうなってしまうと，ウェブサイトでの収益化もできなくなります。広告を自分，若しくは近しい人がクリックするなど，不正に収益を発生させる行為があったと判断されるとAdSenseアカウントにまで影響してしまうのです。AdSenseアカウントが停止すると，そのユーザーはその後もAdSenseアカウントを作成することができなくなります。

5　著作権侵害による停止

　著作権侵害の警告を1回受けた場合にも，初回であれば事前警告として取り扱われます。警告を複数回受けると収益化に影響が出るおそれがあります。また，アクティブなライブ配信が著作権侵害により削除された場合はライブ配信の利用は7日間制限されます。著作権侵害の警告を3回受けた場合には，アカウントと関連づけられているチャンネルが全て停止され，アカウントに投稿された全ての動画が削除されます。また，新しいチャンネルを作成することはできません。

　YouTubeパートナープログラムに参加している場合には，7日間の猶予期間が適用されます。著作権侵害の警告を3回受けた後，チャンネルが無効になるまでさらに7日間の猶予期間が与えられますが，この期間に著作権侵害の警告が期限切れになることはなく，新しい動画を投稿することはできません。チャンネルは公開されたままの状態なので，アクセスして違反警告を解除する方法を確認できます。異議申立通知を提出しても，異議申立通知が解決されるまでチャンネルが無効になることはありません。自分に有利な形で異議申立通知が解決された場合，又は申立てが撤回された場合には，チャンネルに影響はありません。

　著作権侵害の申立てによりチャンネルが停止され，その申立内容が正しくないと思う場合は，異議申立通知を提出できます。チャンネルが停止されている場合でもこの手続はできますが，異議申立通知のウェブフォームにはアクセスできません。その場合は，自由形式の異議申立通知を提出することになり，異議申立通知を提出すると，法的手続が開始されます。

用語解説

🔍 < スパム

　スパム（SPAM）とは，受信者の意向にかかわらず，無差別かつ大量にばらまかれるメール・メッセージのことです。メールだけでなくSNSスパムも登場し，ウェブ上の迷惑行為全般をスパムというようになっています。

　スパムは本来，米国のランチョンミートの缶詰ですが，英国BBCで放映されていた，スパムが嫌いな夫婦が，レストランでメニューを開くと全てスパムのメニュー，店員はスパムと連呼，店内の客たちもスパムの歌を歌う結果，スパム嫌いな夫婦もスパムを注文してしまうという「スパム」というコントがあり，この話から転じて繰り返される大量の迷惑なものということから使われるようになりました。

　YouTubeは，「スパム，欺瞞行為，詐欺に関するポリシー」で，コミュニティを悪用するスパムや詐欺などの欺瞞行為はYouTubeで許可されていないとし，「下記の説明のいずれかに該当するコンテンツは，YouTubeに投稿しないでください」としていくつかの例を挙げていますが，その中に，スパムが含まれています。

動画スパム：何度も投稿される，繰り返しが多い，あるいは不特定多数に向けた
　　　　　　コンテンツで，次のうち1つ以上のことを行うもの。
・視聴者に何かを見せると約束しておいて別のサイトに誘導する。
・すぐにお金を稼げると視聴者に約束して，YouTubeのクリック数，視聴回数，
　トラフィックを獲得する。
・有害なソフトウェアを拡散させるサイトや個人情報を収集しようとするサイト
　など，悪影響を及ぼすサイトにユーザーを誘導する。

🔊))27　著作権侵害詐欺とは

🔍 キーワード

#著作権　#著作権侵害詐欺　#YouTube　#Content ID　#異議申立て
#不当利得返還請求

▶**Q**　最近耳にするようになりましたが，①著作権侵害詐欺とはどのようなものですか。②その手口と対応策について教えてください。

▶**A**　①一般的に，著作権侵害詐欺とは，実際には著作権を有していない者が不当な権利主張を行い，正当な権利者からコンテンツに係る収益を奪うもの，といわれています。②著作権侵害詐欺は，YouTubeが独自に構築した著作権管理システムであるContent IDの機能を利用して行われ，突然見覚えのない海外法人から著作権に関する申立てを受けるケースが多くなっています。ただし，当該海外法人は，正当な権限を有する著作権管理団体から海外における著作権の管理を委託されている場合もあるので，当該申立てが本当に著作権侵害詐欺であるかどうかは，十分に事実確認をした上で慎重に判断する必要があります。申立てを受けた場合には，YouTubeに対して異議申立てをすることが可能です。

◀■■ 解　説 ■■▶

1　著作権侵害詐欺の手口

　一般的に，著作権侵害詐欺とは，実際には著作権を有していない者が不当な権利主張を行い，正当な権利者からコンテンツに係る収益を奪うもの，と

いわれています。

　YouTubeには，著作権に関する申立手段として，「著作権侵害による削除依頼を送信する」に従って，著作権侵害によるコンテンツの削除依頼を送信する方法と，Content IDの申立てによる方法があります。もっとも，前者の著作権侵害によるコンテンツの削除依頼は，米国のデジタルミレニアム著作権法（Digital Millennium Copyright Act：DMCA）に基づく法定の手続であり，実際には著作権を有していない者がこの方法を利用することは困難であること，また，著作権侵害詐欺は広告収入を奪うことを目的とするものなので，コンテンツの削除を求めるこの方法が著作権侵害詐欺の手段として利用されることは基本的に考え難いでしょう。

　他方，後者のContent IDの申立ては，YouTubeと契約したコンテンツパートナーと呼ばれる著作権者のみが利用できるContent IDというYouTubeが独自に構築した著作権管理システムを通じて通知されます。Content IDを利用すると，コンテンツパートナーは，YouTubeに登録した登録コンテンツと音声や映像等に一致する部分がある，他人の対象コンテンツに対して，Content IDの申立てを自動的に生成するとともに，当該コンテンツに係る収益の分配を求める等の措置を選択することができます。著作権侵害詐欺は，このContent IDというシステムを悪用することで，正当な権利者からコンテンツに係る収益を奪うという手口を利用して行われることが多いのです。

2　Content IDの仕組み

　Content IDは，「著作権管理ツールの概要」に説明がありますが，YouTubeが独自に構築した著作権管理システムであり，登録コンテンツからデータベースを作成し，YouTube上に投稿された全てのコンテンツと照合した上で，対象コンテンツを特定・管理するシステムです。したがって，Content IDの申立ては，正確には，著作権侵害を理由とする申立てではなく，対象コンテンツに登録コンテンツと一致する部分がある旨を事実上通知するものにすぎません。もっとも，Content IDの申立ては，コンテンツに係る収益に関わるため，対象コンテンツにとって重大な問題であることには違い

ありません。

　Content IDには，対象コンテンツを自動検出し，自動で申立てまで生成する方法と，手動で申立てを作成する方法がありますが，いずれの方法による場合でも，コンテンツパートナーは，申立てとともに，対象コンテンツに対して以下の措置を選択することができます。

- 動画をブロック（閲覧を停止）する
- 動画をマネタイズ（広告を掲載して収益化し，また，収益の分配を要求）する
- 動画をトラッキング（再生に関する統計情報を追跡）する

3　Content IDの利用資格

　「Content IDの仕組み」より明らかですが，Content IDは，誰でも利用できるわけではなく，レコード会社や映画製作会社等，大規模なコンテンツを運営しており，複雑な権利管理ニーズがある企業や組織がYouTubeで知的財産を簡単に管理するためのシステムです。そのため，YouTubeは，一定の基準を満たす著作権者にのみContent IDの利用資格を付与しており，利用資格を得るには，上記のような企業や組織であり，著作権者のコンテンツがContent IDを通じて申立可能であるかどうか，実際の必要性があるかどうか等が審査されます。したがって，著作権侵害詐欺を目的とする組織や団体がContent IDを利用することは事実上困難といえるでしょう。

4　著作権侵害詐欺の実際

　では，なぜ「著作権侵害詐欺」がここまで問題とされているのかといえば，それは，突然見覚えのない海外法人から申立てを受ける場合が多いためであると考えられます。しかし，これらの申立人は，コンテンツに関する正当な権限を有する国内の著作権管理団体からコンテンツの管理を委託された海外法人である場合があり，一概に著作権侵害詐欺であると断定することはでき

　したがって，Content IDの申立てを受けてから5日後以降に異議を申し立てた場合には，異議申立て以前の収益については申立人に分配されてしまいますが，当該申立てが著作権侵害詐欺である場合には，後述の不当利得返還請求により当該収益を取り返せる可能性があります。

6　不当利得返還請求等

　著作権侵害詐欺は，権利を有していない者が不当な権利主張を行い，本来他人が収受すべき財産をかすめ取るものであるため，Content IDの申立てにより申立人に分配されてしまった対象コンテンツに係る収益については，不当利得返還請求が可能な場合があります。また，場合によっては，損害賠償請求を検討する余地も十分あるでしょう。もっとも，著作権侵害詐欺は，実体が不明確な海外法人によって行われる場合もあり，このような場合には，事実上請求が困難な場合もあるのが難点です。

デジタルミレニアム著作権法（DMCA）

　デジタルミレニアム著作権法（Digital Millennium Copyright Act：DMCA）とは，デジタル著作権の管理強化を目的として，1998年に米国で施行された連邦法です。DMCAは，Google等の世界的な検索エンジンの多くが米国法人であるため，インターネットの著作権に関する事実上のルールとして機能しており，中でも「ノーティスアンドテイクダウン（Notice and Take Down）」と呼ばれる手続は，著作権者を強力に保護する手段となっています。「ノーティスアンドテイクダウン」とは，著作権の侵害を主張する者から法定の形式的要件を満たす通知（notice）を受領したプロバイダ等は，著作権侵害情報か否かの実体的判断を経ずに，一旦当該著作権侵害とされる情報を削除（Take Down）すれば，責任を負わないこととするものです。これにより著作権侵害コンテンツの削除が容易になった一方で，情報発信者の表現の自由を軽視しすぎているとの強い批判もあります。
　日本でも，類似の法律として，2001年にプロバイダ責任制限法が制定されましたが，立法の過程で上記批判と同様の問題が指摘され，結果として，

ノーティスアンドテイクダウン手続は導入されるに至りませんでした。

フェアユースの法理 🔍

　米国の著作権法では，108条以下において個別の権利制限規定が設けられているとともに，一般的な権利制限規定として，107条に4つの判断要素（①著作物使用の目的及び性格，②著作物の性質，③著作物使用の量及び実質性，④著作物市場への影響）が掲げられています。もっとも，フェアユースの法理は，もともと米国の判例法理として確立・発展したルールであるため，適用されるか否かはケースバイケースであり，上記4要素以外の要素を考慮して法理を適用することも裁判所の自由です。他方で，日本の著作権法には，このような一般的な権利制限規定は定められていません。

　YouTubeで著作権に関する申立てを受け，これに対して異議申立てをする場合には，日本法の権利制限規定に該当しない場合であっても，米国法上のフェアユースの法理に基づいて著作権の権利制限を主張することができます。

第 **4** 章

契約・企業に関する問題

第 **1**　契約に関する問題 ....

 28　動画編集を代行依頼するときの重要事項

🔍 キーワード

#動画編集作業　#委託　#検収　#秘密保持　#個人情報保護　#知的財産権
#損害賠償義務

> ▶**Q**　　自分が録画した動画を編集作業してもらう「動画編集代行」
> 業者と契約しようと思っています。①どのような契約にすれば
> よいでしょうか。②どのようなトラブルが想定されるでしょうか。

▶**A**　　①編集がイメージどおりに行われないことがあるため，編集され
　　　た動画の内容を検査し，検査の結果，修正や再編集が必要な場合に
は，新たな費用を負担することなく，編集者に修正や再編集を依頼すること
ができるような契約にしておく必要があります。②元データや個人情報が漏
洩したり，不正に利用されたり，著作権等の知的財産権の帰属をめぐりトラ
ブルになることが考えられます。

◀　**解　説**　▶

　YouTubeチャンネルを運営するには，企画を考え，台本を作成し，動画
を撮影し，動画を編集し，YouTubeに投稿するという過程を経ることにな
ります。これらの過程の中で，動画を編集するという作業は，専門的な技術
やセンスなどが要求されるため，外部に委託されるケースが多く見られます。
　YouTuberが動画編集作業を外部に委託する場合の典型的な条項例には，
以下のものがあります。

① 動画の仕様に関する条項

② 委託料に関する条項

③ 検収に関する条項

④ 秘密保持に関する条項

⑤ 個人情報の保護に関する条項

⑥ 権利の帰属に関する条項

⑦ 損害賠償義務に関する条項

1 動画の仕様に関する条項について

　契約書の中で，動画の仕様に関する条項を規定しておく必要があります。

　委託者の立場から考えると，動画の仕様を明確に定めておかないと，求めていた編集とは異なる編集が行われた動画が納品されてしまう可能性があります。受託者の立場から考えると，動画の仕様が明確でないと，編集の方向性が定まらず，編集作業を行いづらくなってしまうことが考えられ，動画編集の内容が委託者の要望とずれて，トラブルとなってしまう可能性があります。

2 委託料に関する条項について

　金銭に関する条項は，トラブルに発展しやすい条項であるため，委託料に関する条項をしっかりと規定しておくことが必要になります。対価（業務委託料）を明確にしておくことはもちろんですが，支払時期（業務終了後何日以内），支払方法及び振込手数料の負担などの事項も細かく規定しておけば，トラブルを防ぐことができます。

3 検収に関する条項について

　動画編集作業の代行を他人に依頼した場合，必ずしも委託者のイメージどおりの編集が行われるとは限りませんし，バグが生じたり，字幕の誤字や音

声のずれなどが生じていたりする等の問題がある場合もあります。そこで，編集をした動画を受託者が納品して終わりとするのではなく，委託者が検査し，受託者に対して検査完了の通知を行った時に，検収が完了したものとする仕組みにしておく必要があります。

　そして，委託者による検査の結果，修正や再編集が必要な場合には，委託者が新たな費用を負担しなくても，受託者に修正や再修正を依頼することができるようにしておく必要があります。

4　秘密保持に関する条項について

　委託者が，受託者に動画の編集を依頼する場合には，当然のことながら，元となるデータを渡す必要があります。この元データに関する情報を，動画公開前に第三者に漏らされてしまったり，不正に利用されてしまったりすると，YouTubeチャンネルの運営に支障が生じる可能性があります。また，動画編集の方向性を決める打合せの際に，委託者が受託者に話した情報などが第三者に漏らされてしまう可能性もあります。そこで，秘密保持に関する条項を規定し，秘密の範囲を明確にしておき，委託者の事前の書面による承諾なしには第三者に開示又は漏洩してはならないとする必要があります。

5　個人情報の保護に関する条項について

　動画の内容によっては，個人情報が含まれている可能性があり，動画編集作業の代行を依頼する過程で，委託者から受託者に個人情報が提供される可能性があります。そこで，受託者によって個人情報が漏洩されたり，また，不正に利用されたりしないように，個人情報の保護に関する条項を規定しておき，「個人情報の保護に関する法律」（個人情報保護法）2条1項に定める「個人情報」に該当する情報を保護し，業務の目的の範囲においてのみ個人情報を取り扱うこと，安全管理措置を講じること，事故が発生した場合には相手方に対し速やかに報告すること等を定めておく必要があります。

6　権利の帰属に関する条項について

　著作権等の知的財産権が関係することとなるので，権利の帰属を明確に定めておく必要があります。

　本件業務を通じて生じた動画の著作権（著27条及び28条の権利を含む），業務の過程で生じる発明，考案又は創作についての特許権，実用新案権，意匠権，商標権等の知的財産権を受ける権利及び当該権利に基づき取得される知的財産権，これらが全て委託者に帰属することとし，受託者は，本件業務を通じて生じた動画の利用について著作者人格権を行使しないこととしておく必要があります。

　著作権法27条とは，「著作者は，その著作物を翻訳し，編曲し，若しくは変形し，又は脚色し，映画化し，その他翻案する権利を専有する」という「翻訳権，翻案権等」であり，同法28条とは，「二次的著作物の原著作物の著作者は，当該二次的著作物の利用に関し，この款に規定する権利で当該二次的著作物の著作者が有するものと同一の種類の権利を専有する」という「二次的著作物の利用に関する原著作者の権利」です。

　また，動画の編集の際にBGMを使用するケースもあるので，受託者が第三者の権利を侵害しないことを保証させておく必要もあります。

7　損害賠償義務に関する条項について

　動画編集作業の代行を依頼する場合，委託者が受託者の権利や利益を侵害する可能性はそれほど高くない一方で，受託者が委託者の権利や利益を侵害する可能性は高いといえます。

　そのため，損害賠償請求が認められる範囲をできるだけ広く認める方が，委託者には有利であると考えられます。他方，損害賠償義務に関する条項を，受託者に有利な規定とする場合には，損害賠償請求が認められる範囲を，直接的かつ現実に生じた損害に限定する，損害賠償額の上限を委託料の範囲に限定する等の規定の仕方が考えられます。

個人情報の保護に関する法律（個人情報保護法）

　2003年5月23日に成立した，「デジタル社会の進展に伴い個人情報の利用が著しく拡大していることに鑑み，個人情報の適正な取扱いに関し，基本理念及び政府による基本方針の作成その他の個人情報の保護に関する施策の基本となる事項を定め，国及び地方公共団体の責務等を明らかにし，個人情報を取り扱う事業者及び行政機関等についてこれらの特性に応じて遵守すべき義務等を定めるとともに，個人情報保護委員会を設置することにより，行政機関等の事務及び事業の適正かつ円滑な運営を図り，並びに個人情報の適正かつ効果的な活用が新たな産業の創出並びに活力ある経済社会及び豊かな国民生活の実現に資するものであることその他の個人情報の有用性に配慮しつつ，個人の権利利益を保護すること」（個人情報保護法1条）を目的とする法律です。

　生存する個人に関する情報で，その情報に含まれる氏名や生年月日等によって特定の個人を識別できる情報を保護します。

損害賠償の根拠

　損害賠償義務の発生原因は大きく2つに分けられ，不法行為に基づくもの（民法709条）と債務不履行に基づくもの（民法415条）があります（その他，特別法上の損害賠償責任もあります）。

　「不法行為に基づく」とは，故意又は過失により他人の権利・利益を侵害した場合に，損害賠償義務が生じるという制度であり，「債務不履行に基づく」とは，契約当事者が債務の本旨に従った義務履行をしない場合に損害賠償義務が生じるという制度です。

29　事務所との契約での問題点

🔍 キーワード

#マネジメント事務所　#契約　#広告案件　#コンテンツの権利帰属
#不可抗力条項

> ▶**Q**　　マネジメント事務所との契約を考えているのですが，①メ
> リットはあるのでしょうか。②契約を結ぶ場合，どのような契
> 約となるのでしょうか。

▶**A**　　①YouTuberが事務所と契約することにはいくつかのメリットが
あM りますが，デメリットもあるので，バランスを考え，慎重に対処
する必要があります。②事務所がYouTuberに依頼した業務をYouTuberが
受託するという準委任的側面と，事務所の依頼内容に従ってYouTuberが成
果物を制作する請負的な側面が混在した無名契約と見ることができます。

◀　解　説　▶

1　YouTuberが事務所と契約することのメリット

　YouTuberが事務所とマネジメント契約を締結することのメリットとして
は，YouTuberがマネジメント事務所から営業支援を受けられる点が挙げら
れます。営業支援と一言でいっても内容は多岐にわたりますが，比較的よく
見られるのは，「企業からの広告案件の獲得」，「イベントの主催や運営」，
「トラブル対応」となるでしょう。

　(1)　企業からの広告案件の獲得

　有名なYouTuberであれば消費者に大きな影響力を持つため，企業が自社

商品やサービスを宣伝するためにYouTuberに動画制作を依頼することがあります。これが，企業からの広告案件です。このような広告案件はマネジメント事務所を介さずに，YouTuberと企業が直接契約することも可能ですが，個人では手が届かない広い範囲で，広告案件を獲得してくることがマネジメント事務所の主要な役割となります。YouTubeからの広告収入だけでなく，企業から広告費も受け取ることができるので，YouTuberにとっては企業からの広告案件は，大きな収益源となります。事務所とマネジメント契約を結ぶ最大のメリットといえるでしょう。

(2)　イベントの主催や運営

マネジメント事務所は，YouTuberが出演するイベントの主催や運営業務を行ったりもします。大規模なイベントに出演できれば認知度向上にもつながるので，YouTuberにとってのメリットは大きいといえます。これも，個人でできる範囲を超えていることがほとんどなので，事務所と契約するメリットとなります。

(3)　トラブル対応

上記に加え，重要なメリットの一つがトラブル対応です。YouTuberとして顔を出したり本名で活動したりしている場合には，誹謗中傷のターゲットとなる可能性が高くなります。自宅の住所などの個人情報を特定し，家族などに危害を加えるような脅しを受けることもあります。このような被害を受けた場合にYouTuber自身が対応すると一層炎上する可能性がある上，対策を取るために弁護士や警察に相談するには手間や時間が必要です。YouTuberにとって最も重要な活動は動画制作であり，人気のあるYouTuberほど動画制作にはかなりの手間や時間を費やしていますから，トラブル対応に手間や時間を取られると，収益減に直結することになり，経済的にも大きな損害となります。

こういう場合に，事務所とマネジメント契約を締結していれば，事務所がYouTuberと協同してトラブルの解決に当たってくれることになり，YouTuberにとっては心強い存在となってくれます。また，万が一YouTuberのチャンネルやアカウントが凍結されたような場合にも，マネジメント事務所がYouTuber本人に代わってYouTube側と交渉してくれることもあります。

2 YouTuberがマネジメント事務所と契約を締結することのデメリット

YouTuberがマネジメント事務所と契約を締結することのデメリットとしては、「収入の減少」、「言動や活動内容に対する制約」が挙げられます。

(1) 収入の減少

YouTuberはマネジメント事務所に対してマネジメントフィーを支払うこととなります。一般的にYouTuberが支払うマネジメントフィーは、事務所が獲得した企業案件において企業が支払う額の20％前後が多いのが現状です。マネジメントフィーは、YouTuberが事務所と契約することにより受けるメリットの対価であるので、マネジメントフィーに見合うメリットがあると考えるか否かによって、受取り方が変わるといえるでしょう。例えば、顔や本名を出していないことから、プライバシーが侵害される可能性が低いと考えるYouTuberや、海外等に住んでいて実際に危害を加えられる危険性が高くないと考えるYouTuberは、メリットの一つであるトラブル対応は必要ないと考えるかもしれません。この場合には、マネジメントフィーが発生することのデメリットの方が大きいと考える人もいるでしょう。

(2) 言動や活動内容に対する制約

事務所とマネジメント契約を締結したYouTuberは、事務所にとってはいわば商品となります。特にYouTuberが企業案件を行っている場合には、当該のYouTuberが問題のある言動を取ってしまったら、宣伝をしている企業のイメージダウンにつながる可能性があります。このため、マネジメント事務所と契約を締結すると、YouTuberは自身のイメージを保持しなければいけない立場となり、万が一、問題のある言動によって企業にダメージが発生するようなことが起これば、損害賠償請求を受ける可能性すら生じることとなります。

このような制約を煩わしいと考えるYouTuberにとっては、事務所と契約することはデメリットとなります。また、マネジメント事務所との契約内容によっては、事務所が主催するイベントに必ず参加しなければならないといったような、活動内容に関する一定の義務が生じることもあります。しかし、そもそも、時間や場所に拘束されずに活動できることをYouTuberのメ

リットと考えている人も多く，そうした生き方をしたいからYouTuberになった人も多いので，好まない活動に参加しなければならないことは，デメリットと考える人も多いでしょう。

3　YouTuberが事務所と締結する契約の法的性質

　YouTuberが事務所と締結する契約は，マネジメント会社がYouTuberの知名度や収益向上につなげるための営業支援を行い，その対価としてYouTuberが収益の一部をマネジメントフィーとして事務所に支払う内容となります。YouTuberと事務所との契約の法的性質としては，事務所がYouTuberに依頼したイベント出演等の業務をYouTuberが受託するという準委任的側面と，事務所の依頼内容に従ってYouTuberが動画などの成果物を制作するという，請負的な側面が混在した無名契約と見ることができます。

　YouTuberがマネジメント事務所と締結する契約は，民法などで決められている定型的な契約ではないため，契約書でどのように双方の権利義務を定めるかが重要になってきます。特に，双方が提供する業務の内容やこれに伴う報酬の発生，費用負担に関する条項はトラブルを避けるためも事前に十分に確認する必要があります。

4　YouTuberの契約書において重要なポイント

　YouTuberと事務所が締結する基本契約において典型的な条項例には，以下のものがあります。

① 業務内容に関する条項
② コンテンツの権利帰属に関する条項
③ 報酬に関する条項
④ 活動費用の負担に関する条項
⑤ YouTuberの名称使用に関する条項
⑥ 事務所以外の第三者との契約に関する条項

⑦　不可抗力条項

⑧　イメージ保持に関する条項

(1)　業務内容に関する条項

　YouTuberがマネジメント会社と締結する契約書において，もっとも重要な条項が業務内容に関する条項です。契約書に定められる主たる業務はマネジメント事務所側の業務となります。また，様々な広告媒体を通じたYou-Tuberのプロモーションを事務所が行うと業務が定められることもあります。

　YouTuberの活動としての動画制作やイベント出演において事務所が人員派遣，撮影場所の調整，動画編集作業への協力を行う旨の定めも含まれます。実際にYouTuberが契約を締結する際には，事務所が人員等を提供する業務の範囲をまず詳細に確定する必要があります。

　また，事務所から人員提供等の協力を受ける場合に撮影場所のレンタル費用や人件費などの費用負担が，YouTuberと事務所のいずれであるかはよく確認する必要があります。費用負担がYouTuberとなっている場合にはYouTuber自身が手配するのとそれほど変わりがないため，YouTuberにとってメリットはほとんど無いともいえます。そこで，このような場合には当該業務を削除する代わりにマネジメントフィーを低くするよう交渉することも考えられます。

(2)　コンテンツの権利帰属に関する条項

　YouTuberが制作又は出演する動画には著作権が発生します。著作権はその動画等を制作した者に帰属するのが原則ですが，契約書の定めによって譲渡することは可能です。著作権が事務所や第三者に譲渡されると，YouTuber自身は当該動画を自由に利用することができなくなります。したがって，YouTuberとしては自身が制作する動画については著作権を得ることができるように注意しなければなりません。

　ただし，企業案件やイベント等の出演動画などに関しては，そもそも当該企業やイベント主催者の意向に従って動画を作成しており，当該企業やイベント主催者から相応の報酬を受け取っているので，YouTuberが事務所から受託して制作した動画に関しては著作権を事務所や第三者に譲渡するという

選択もあり得ます。なお，著作者人格権は著作者の人格や名誉を侵害されない権利であり，具体的には著作物について著作者の氏名を表示する権利や勝手に公表や修正をされない権利などが含まれますが，著作者人格権は，著作権本体とは異なり契約によっても譲渡できないとされているため，元の著作者がこれを「行使しない」と定めることにより著作権の譲渡後に不都合が生じないよう決めておくことが一般的となっています。

(3)　報酬に関する条項

　報酬の支払に関する条項は，事務所とYouTuberが受託する業務内容の裏返しです。よくあるのは，事務所が受託する営業支援業務に関しては，事務所が獲得した案件の売上額に対する一定割合を事務所への報酬とする条項です。注意すべきこととして，企業案件による動画制作において発生する収益としては，企業から受領する報酬とYouTubeから受領する広告収入（アドセンス収入）の2種類があります。YouTuberとしては，事務所に支払う報酬額を算定する際にYouTubeからの広告収入が含まれるのか否かを必ず確認する必要があります。

　YouTubeからの広告収入はあくまでもYouTuber自身が築き上げてきたブランド価値に比例するものであり，事務所が獲得した案件であるか否かによって広告収入が大きく変わるわけではありません。したがって，YouTubeから支払われる広告収入については事務所側の寄与度がそれほど大きくないことから，YouTuberが事務所に支払う報酬額算定の基礎に含まないこととし，YouTuberが100％広告収入を取得できるよう交渉することは十分に可能です。

(4)　活動費用の負担に関する条項

　YouTuberの活動に係る経費の負担についても十分に確認しておく必要があります。YouTuberが独自に行う動画制作に関する費用は通常，YouTuberが負担することになります。これに対し，事務所がYouTuberに委託する企業案件やイベント等への出演に関しては，交通費等の費用をYouTuberが自己負担する場合と，事務所が負担する場合の2パターンが考えられます。もっとも，YouTuberが費用負担する場合でもその分に見合った報酬を得られるのであれば問題ないという考え方もあります。事務所からYouTuberへ

委託する業務の報酬は個別契約で別途定められることが一般的なので，個別契約を締結する際には基本契約において，費用負担がYouTuberと事務所のいずれと定められていたかを前提として報酬等の交渉をすべきことに留意しましょう。なお，費用負担については基本契約で定めずに個別契約で都度定めることも可能です。

(5)　YouTuberの名称使用に関する条項

有名YouTuberであれば，芸能人などと同様にYouTubeで使用している名称に大きなブランド価値が発生します。したがって，YouTuberとしては自己の名称等を勝手に使用される事態を避ける必要があります。もっとも，事務所が出演等を委託する業務に関しては，事務所側がプロモーション活動の一環としてYouTuberの名称を使用する必要が生じます。したがって，事務所がYouTuberに委託した業務に関しては必要な限りで名称等の無償使用を許諾することが一般的です。

注意したいのは，名称等の使用を許諾する場面の限定がない契約条項です。常に事務所がYouTuberの名称等を使用することができるような契約条項である場合，YouTuberは自分の想定しない場面で名称等を勝手に使われた結果，せっかく自分が築き上げたブランドへのフリーライドを許すことになるだけでなく，無用なトラブルに巻き込まれるおそれもあります。したがって，名称等の使用を許諾する場面を限定する契約条項とすることが望ましいでしょう。

(6)　事務所以外の第三者との契約に関する条項

芸能人と芸能事務所との契約では，芸能人が事務所を通さずに業務を受けることを禁止する専属性に関する条項が設けられることがあります。ただし，YouTuberと事務所との契約においては，そこまでYouTuberの活動を制限する条項は一般的ではありません。これは，芸能人の場合には有名になるために事務所によるプロモーション活動が必須といえるのに対し，YouTuberに関してはYouTuber自身の努力によってブランド価値を築き上げていることが多いという違いによるものと考えられます。もっとも，YouTuberが事務所から委託されて行う企業案件等に関しては一定の制約を受ける旨の条項が定められることがあります。通知義務だけであれば事務所側に拒否権は無

いので，YouTuberの活動に対する制約はそれほど大きくありません。これに対し，「事前に事務所の同意を得る」旨の条項が入る場合には事務所側にYouTuberの活動に対する拒否権を与えることになるので，制約の度合いとしては大きいといえます。

(7)　不可抗力条項

契約書に一般的に定められる条項として不可抗力条項があります。例えば，震災や戦乱等の発生といった不可抗力によって契約の履行が不可能となった場合に，債務不履行に基づく損害賠償等の責任を負わないこととする条項です。YouTuberの場合，その活動がYouTubeなど第三者の提供するサービスに依存している性質上，YouTuberの意図しない事情によって当該サービスを利用できなくなると，YouTuberは事務所との契約で定められた業務を履行することができなくなることがあります。特に問題となり得るのが企業案件です。企業案件は，当該企業の商品やサービスを紹介する動画を一定期間にわたりYouTuberのチャンネルで公開することが義務付けられます。

したがって，YouTubeのサービスが利用できなくなれば，YouTuberは契約上の義務違反に問われ損害賠償請求を受ける可能性も出てきます。YouTubeからアカウントやチャンネルの停止などの措置を受けた場合の対応については，条項に入れることは難しいかもしれませんが，それでも，あらかじめ事務所や企業案件のクライアントとなる企業に確認しておくことが必要です。

(8)　イメージ保持に関する条項

YouTuberは芸能人と同じく，YouTuber自身にブランド価値が発生します。このため，特に企業案件を受けている場合に，YouTuberがその言動等によって社会的な非難を浴びる事態となれば，委託している企業のイメージ低下にもつながります。したがって，YouTuberは自身のブランド価値を維持するために犯罪を含む違法行為をしないことはもちろん，批判を受けるような言動を慎むことが求められます。このような条項が定められることは，YouTuberとしてはやむを得ないことといえるでしょう。

用語解説

Q < 無名契約

　無名契約とは，民法で定める定型的な契約類型の範囲外の契約という意味であって，契約書で権利義務をどのように定めるかによって法的性質が変わってくることになります。例えば，YouTuberとマネジメント事務所との契約を準委任と捉える場合には，途中でYouTuberが業務を中断しても途中までの報酬が発生することがあり得ますが，請負と捉える場合には動画の作成が途中で中断した場合などには報酬が一切支払われないことが原則となります。もっとも，マネジメント契約の法的性質を準委任と請負のいずれと考えるかは契約書の内容によって変わってくるため，契約書において事務所とYouTuber双方の権利義務の内容がどのように定められているかが重要になります。

事務所側の業務

　事務所側の業務としては，企業案件の獲得やイベント等への出演については，実際に実現するか否かは企業やイベント主催者の意向次第であるため，あくまでも機会が提供できるように最善を尽くす義務と，通常は解釈されます。したがって，結果として業務が実現しなかったとしても事務所が責任を問われることは基本的にありません。

著作権の譲渡

　著作権のうち，著作者人格権以外の著作権（財産権）は，契約によって他人に譲り渡すことができます（著61条）。また，著作権は分割して譲渡することもできます。例えば，複製権などの支分権ごとの譲渡，期間を限定した譲渡，地域を限定した譲渡（米国における著作権）などが可能です。

30 VTuberチャンネルの事業譲渡

🔍 **キーワード**

#事業譲渡　#買収　#譲渡財産　#買取財産　#声優

> **▶Q**　VTuberチャンネルの事業を譲ってもらおうと思っています。
> ①こうした場合，「買収」と「事業譲渡」のどちらになるので
> しょうか。②また，どのような契約にすればよいでしょうか。事業譲渡
> 契約書を作成する際に気を付けるべきポイントを教えてください。

▶A　①買収対象となるVTuberを所有しているのは個人，若しくは，
他にもビジネスを持っている会社がほとんどなので，多くの場合に
事業譲渡となります。②譲渡財産に関する条項の内容次第です。譲渡財産に
関する条項によって，吸収する側の事務所に何を譲渡するか決定するためで
す。

解　説

1　VTuberと事業譲渡

　ウェブサイトの「事業譲渡」，「買収」というのは，「オウンドメディアを
作って自前でアクセスをゼロから増やしていくための時間を考えれば，既に
ある程度のアクセス数が存在するメディアを買った方が早い」といった理由
で行われるケースが多くなっています。VTuberの「事業譲渡」，「買収」も，
同様であり，VTuberは，ウェブサイトやスマートフォンアプリなどと同様
に，「事業譲渡」，「買収」の対象になり得る，財産的価値を持った事業と
なっています。

　「事業譲渡」とは，ある個人や法人が持っている「事業」を売買するというストラクチャーです。これに対して「買収」とは，少なくとも日常用語として言うと，もう少し広い概念であり，「何らかのストラクチャーを使ってVTuberなどを買い取る」というような意味内容です。「事業譲渡」以外の「買収」のストラクチャーとは，例えば，相手の会社の全株式の買取です。もしVTuberを所有しているのが個人ではなく会社で，かつ，その会社には当該VTuber以外に特に何もビジネスがないという場合，VTuberというモノ自体を買い取る（事業譲渡）のも，会社ごと買い取る（全株式買取）のも，あまり違いがありません。さらにこの場合，結論としては，会社ごと買い取る方が，後述するような事業譲渡特有の問題の多くをパスできるので便利です。

　ただ，多くの場合には，買収対象となるVTuberを所有しているのは個人であるか，又は，他にもビジネスを持っている会社だと思われます。個人の場合，そもそも「その個人の株式を買い取る」ということはできませんし，他にもビジネスを持っている会社の場合，事業譲渡しか選ぶことができません。そこで結局，VTuber買収のために選び得るストラクチャーは，多くの場合は事業譲渡である，ということになります。

2　VTuberを構成するモノとは

　「事業譲渡」とは，「有機一体」などといわれるような，１つのまとまった事業をまとめて売買するというストラクチャーであり，VTuberの売買の場合にも，買い取るべきものは，多数に上ります。

- 当該VTuberのモデリングデータ一式
- 当該VTuberの撮影用機材一式
- 当該VTuberに関連する著作権等の知的財産権一式
- 過去の動画及びそれに関連する著作権等の知的財産権一式
- YouTube等の動画配信サービスのアカウント
- 当該VTuberのウェブサイトが存在するのであれば，そのサーバーアカウントや，ウェブサイト一式及びそれに関連する著作権等の知的財

> 産権一式
> ・当該VTuberのTwitter等のアカウントが存在するのであれば，その
> 　アカウントや，それに関連する著作権等の知的財産権一式

　これらは，そのどれが欠けても「当該のVTuberを一体として全て買い取る」ということにはなりません。その意味でこれらは「有機一体」な財産であり，その一式を買い取る以上，単なる売買ではなく事業譲渡となります。

　ただ，事業譲渡は，特に買い取る側から見ると，普通の売買契約とあまり変わりがありません。どういうことかというと，買取の対象になるのは，漠然と「当該VTuber一式」ではなく，あくまで「契約書上にリストアップされた個別的な財産」ということになり，買い取れるはずだと思っていた具体的なもの，例えば「当該VTuberの商標権」を契約書に記載し忘れていたら，その部分は買取対象から除外されてしまいます。そこで，欲しいもの，「有機一体」である当該VTuberを構成する全てのモノをきちんとリストアップするという作業が必要になります。

　しかし，このリストアップ作業は，かなり専門的です。まず，IT知識を有する者だけでは，法的な観点での「見逃し」があり得ます。上記の商標権などはその典型ですが，これを見逃してしまうと，全ての権利を譲り受けたつもりでチャンネル運営を続けていたら，ある日「その名称を使い続けるのであればライセンス料を支払ってください」などと言われてしまう事態が生じる可能性があります。

　一方で，法的知識を有する者だけでは，IT的観点での「見逃し」があり得ます。例えば，「当該VTuberは専門の機材でモーションキャプチャを行うことを前提にしたシステムで動いている」ということであったのに，その機材一式の譲渡が必要であることを見逃してしまい，機材譲渡を受けることができなかったら，以後の動画撮影が事実上不可能になってしまう，といった事態が生じる可能性もあります。

　これらの問題は，VTuberに限らず，例えばウェブサイトの事業譲渡の場合にもあり得る問題です。アクセスの多い人気ウェブサイトを買い取る場合，そのウェブサイトの公式Twitterアカウントも同時に買い取るべきだ，とい

うのと同じような問題だといえます。

3　声優との関係

　VTuberには，例えばウェブサイトの事業譲渡の場合には存在しない特有
の問題があります。それは声優との関係です。少なくとも現在のVTuberは，
特定の声優の声と密接に紐づけられています。事業譲渡の前後で声優の声が
変わると，ファンが離れてしまう危険があるので，それまでと同じ声優に仕
事をし続けてもらう必要があります。これは，ウェブサイトの事業譲渡では
あまり問題にならない点です。ウェブサイトであれば，「事業譲渡前の記事
のライター陣」と「事業譲渡後の記事のライター陣」が完全に入れ替わった
としても，ほとんどの読者は気が付かないでしょう。これに対しVTuberの
場合，声優が変わってしまうと，多くの視聴者が違和感を感じてしまうこと
になるのは仕方がないことです。

　現在，多くのVTuberは，運営者と声優が別の人間となっています。そこ
で事業譲渡の際は，契約を以下の形にする必要があります。

- 旧運営者との間で事業譲渡契約を締結し，モデリングデータ一式など
の譲渡を受ける
- 声優との間では，自社が新たに出演に関する契約（タレント契約等）を
行う

　旧運営者と声優の間の契約関係は，事業譲渡を行ったからといって当然に
は引き継がれません。声優には，新たな運営者との間では出演に関する契約
（タレント契約等）を行わない，という自由があります。声優に契約を拒絶さ
れてしまうと大問題となるので，事業譲渡契約では，以下の意味内容の条項
をセットとしておく必要があります。

- 事業を買い取る側であり新運営者である自社が，声優とのタレント契
約を行うことに，売却側である旧運営者は協力しなければならない
- タレント契約が○月○日までに成立しなかった場合，この事業譲渡契

> 約は解除され，事業譲渡代金全額の返金が行われる

　この問題は，以下の関係の間にずれがあることが根本的な原因だと思われます。

> 属人性のある業務を行っている人→声優
> その事業譲渡によって大きな利益を受ける人→当該VTuberの旧運営者

　VTuberの場合，事業譲渡の話は専ら旧運営者との間で行われ，その対価も全額（又はほぼ全額）が旧運営者に対して支払われるケースが多く，その反面，声優はその事業譲渡によってほぼ利益を受けることがないというケースが少なくありません。声優から見れば，単純に「面白くない」と感じてしまう話かもしれませんし，また，「運営者が変わることで不可避的に多少なりとも仕事が一度スムーズに回らなくなるにもかかわらず，報酬が変わらない」というような不満が生じかねない話かもしれません。そこで，属人性のある業務を行う声優にどのように事業譲渡後も働いてもらうかということになりますが，例えば，以下のようにケースバイケースで検討を行い，柔軟な設計で問題が生じないようにする必要があるでしょう。

- 報酬を増額する
- 報酬を増額することを前提にこれを機に独占契約（そのVTuber以外の仕事をしてはならない，仕事をする場合には許諾を得なければならない等）を行う
- 旧運営者に，声優のマネージメント業務を委託し，「事業譲渡の対価」として予定されていた金額の一部はマネージメント業務の委託料として支払う（声優が辞めた場合はその報酬の支払をストップできる構造にする）

④　VTuberチャンネルの事業譲渡契約書のチェックポイント

　VTuberチャンネルの事業譲渡契約書の典型的な条項例として以下のものがあります。

① 事業譲渡の対象となる譲渡財産に関する条項
② 譲渡価額に関する条項
③ 譲渡財産の移転方法や移転時期に関する条項
④ 競業避止に関する条項
⑤ 適用法と管轄に関する条項

　①～③は，「買い取るもの」についての条項であり，④が，上記に挙げた声優との問題となります。

　声優の人気が要因となり，VTuberチャンネルが人気となっている場合，VTuberチャンネルの譲渡後に，当該声優が他のVTuberチャンネルを運営することにより，事業譲渡の対象となっているVTuberチャンネルの価値が，相対的に低下してしまう可能性があります。そこで，競業避止義務に関する条項を規定することが考えられますが，この④の条項は，VTuberチャンネルの事業譲渡契約書において，重要なものとなります。

適用法と管轄

　VTuberチャンネルの譲渡の場合，インターネットが，国境を越えて利用できることから，日本国内の相手だけでなく，外国の相手と事業譲渡契約が締結されることも考えられます。そのため，適用法と管轄に関する条項を規定しておかなければ，後になって，問題が生じてしまう可能性があります。そこで，「本契約に関する解釈および紛争に対しては日本法を適用するものとする」，「本契約に関して生じた紛争については，東京地方裁判所を第一審の専属的合意管轄裁判所とする」といった，適用法と管轄条項を含めておくことが考えられます。

> **コラム** ～モーションキャプチャ～
>
> 　CGキャラクターのアニメーションを付けたり，スポーツ選手の動きを解析したりできるように，人やモノの動きをデジタルデータとして記録する技術です。スポーツ及びスポーツ医療の分野における選手たちの身体の動きのデータ収集などに利用されたり，映画などのコンピュータアニメーション及びゲームなどにおけるキャラクターの人間らしい動きの再現に利用されたりします。2009年に公開されたジェームズ・キャメロン監督の『アバター』（Avatar）では表情も含めた，モーションキャプチャデータが使用されました。
>
> 　モーションキャプチャシステムには，光学式・慣性式・ビデオ式のような様々なキャプチャ方法があり，それぞれで違った特徴を持ちますが，VTuberのキャラクターは光学式を用いることが多くなっています。

第2　企業案件に関する問題

31　ステルスマーケティングの問題点

🔍 キーワード

#ステマ　#なりすまし型ステマ　#利益提供秘匿型ステマ　#景品表示法
#優良誤認表示　#有利誤認表示

▶**Q**　　①ステルスマーケティング（ステマ）は，違法なのでしょうか。
②ステマが景品表示法に違反するのはどのような場合でしょうか。

▶A　①ステマであるからといって直ちに法律に違反するわけではありませんが，景品表示法との関係が問題になる可能性があります。また，ステマについては，世間的に良くないことだという風潮があり，事実上の問題が生じることがあります。②商品・サービスの品質を，実際よりも優れていると偽って宣伝したり，商品・サービスの取引条件について，実際よりも有利であると偽って宣伝したりすると，景品表示法に違反することになります。

解　説

　YouTubeでは，日々様々なジャンルの動画が投稿されていますが，その中に，YouTuberが商品やアプリなどの紹介を行う動画があります。こうした商品やアプリなどの紹介動画には，YouTuberが実際に自分で利用し，いいものであると思ったことから動画で紹介しているものもあれば，企業からの依頼により紹介しているものもあります。

　ここで問題となるのは，YouTuberが経済的対価と引き換えに，企業から商品やアプリを紹介してほしいとの依頼を受けたにもかかわらず，そのことを隠して，動画で商品やアプリなどの紹介をする場合です。このような行為を，ステマといいます。

1　ステルスマーケティング（ステマ）

　ステマとは，ステルスマーケティング（Stealth Marketing）の略で，消費者に宣伝だと気付かれないように宣伝をすることをいいます。「stealth」は，隠密，内密，隠れるなどの意味があり，広告や宣伝であることを消費者に隠して，広告や宣伝を行うことから，ステルスマーケティングといわれます。「stealth」と同様に内密，隠れるなどの意味がある「undercover」という語との組合せで，アンダーカバーマーケティング（Undercover Marketing）と呼ばれることもあります。

　一般的に，ステマは2つのタイプに分かれます。

> ①　事業者自身又は事業者から経済的対価を受けた者が口コミサイトに
>   口コミを投稿しているにもかかわらず，純粋な第三者が口コミを投稿
>   しているかのように誤認させる「なりすまし型」のステマ
> ②　事業者が第三者に経済的利益を提供して，商品やアプリなどの広告
>   や宣伝などを行わせているのに，その事実を表示しない「利益提供秘
>   匿型」のステマ

YouTuberとの関係では，主に②の意味でのステマが問題となります。

YouTuberが動画で商品やアプリなどの紹介を行うと，その紹介動画はステマではないかとの指摘がされることがあります。ただ，ステマである場合にどのような問題が生じるかは必ずしも理解されてはいません。ステマについては，景品表示法との関係が問題となります。ステマが全て景品表示法に違反するわけではなく，規定されている禁止行為に該当する場合にのみ，景品表示法違反となるにすぎません。つまり，ステマであるという理由だけで直ちに景品表示法に違反するというわけではないので，注意が必要です。

2　景品表示法との関係

YouTuberがステマ動画を公開した場合，不当景品類及び不当表示防止法（「景品表示法」）との関係が問題となります。

景品表示法とは，「商品及び役務の取引に関連する不当な景品類及び表示による顧客の誘引を防止するため，一般消費者による自主的かつ合理的な選択を阻害するおそれのある行為の制限及び禁止について定めることにより，一般消費者の利益を保護することを目的とする」法律ですが，ステマとの関係では，主に優良誤認表示と有利誤認表示との関係が問題となります。

(1)　優良誤認表示

優良誤認表示については，景品表示法5条1号に，「商品又は役務の品質，規格その他の内容について，一般消費者に対し，実際のものよりも著しく優良であると示し，又は事実に相違して当該事業者と同種若しくは類似の商品若しくは役務を供給している他の事業者に係るものよりも著しく優良である

と示す表示であつて，不当に顧客を誘引し，一般消費者による自主的かつ合理的な選択を阻害するおそれがあると認められるもの」と規定されています。具体的には，商品・サービスの品質を，実際よりも優れていると偽って宣伝したり，競争業者が販売する商品・サービスよりも特に優れているわけではないのに，あたかも優れているかのように偽って宣伝する行為が優良誤認表示に該当します。

　YouTuberが行う商品やアプリなどの紹介の動画では，主に商品やアプリなどの「品質，規格その他の内容」についての紹介がなされることが多いので，優良誤認表示との関係が，問題となる可能性が高いといえますが，景品表示法に違反する優良誤認表示といえるためには，ステマにより紹介する商品やアプリなどについて，「実際の商品やアプリなどよりも著しく優良であると紹介するもの」，又は「事実に相違して競争関係にある事業者が提供している商品やアプリなどよりも著しく有利であると紹介するもの」であって，「不当に顧客を誘引し，一般消費者による自主的かつ合理的な選択を阻害するおそれがあると認められる」紹介であることという要件に該当することが必要となります。簡単にいえば，商品やアプリなどの行き過ぎた紹介動画をYouTubeに投稿した場合には，景品表示法違反の問題が生じることとなります。

　ステマの場合，YouTubeに投稿された動画が宣伝や広告であるということが分からないため，消費者が，「YouTuberが個人的に購入し，個人的に勧めているのでいいものなんだ」と信じ込んでしまう可能性があり，優良誤認表示として景品表示法に違反する可能性が高くなります。

　企業案件の場合，YouTuberは企業から経済的対価を受けていることを明らかにし，商品やアプリなどの紹介を行います。YouTuberの動画で，「提供　○○株式会社」などと明記されているものを目にする機会があると思います。このような形での商品等の紹介を企業案件ということがあります。またタイアップ企画，タイアップ動画などといわれることもあります。企業案件については，YouTuberが企業から経済的対価を受けているということを消費者が認識でき，「この動画は企業から経済的な利益を受けていることから，企業の意向に寄せた紹介をしているのだな」と認識できるため，ステマ

に比して，優良誤認表示として景品表示法に違反する行為と判断される可能性が低くなります。

　一方，YouTuberが，全く利用したことのない出会い系アプリを，企業からの依頼を受けて，ステマによって広告・宣伝するとします。さらに，アプリの紹介動画の中で，「このサイトを利用して，実際に色々な人と会うことができた。他社のアプリでは全然出会うことができなかったが，このアプリを使ったら出会うことができた」などと紹介したとします。ただ，実際，そのアプリはいわゆるサクラしかおらず，全く出会うことができない，また，他社のアプリの方が出会うことができるというような場合であったとすれば，優良誤認表示として景品表示法に違反する可能性が高くなります。

(2)　有利誤認表示

　有利誤認表示については，景品表示法5条2号に，「商品又は役務の価格その他の取引条件について，実際のもの又は当該事業者と同種若しくは類似の商品若しくは役務を供給している他の事業者に係るものよりも取引の相手方に著しく有利であると一般消費者に誤認される表示であつて，不当に顧客を誘引し，一般消費者による自主的かつ合理的な選択を阻害するおそれがあると認められるもの」と規定されていますが，具体的には，商品・サービスの取引条件について，実際よりも有利であると偽って宣伝したり，競争業者が販売する商品・サービスよりも特に安いわけでもないのに，あたかも著しく安いかのように偽って宣伝したりする行為が有利誤認表示に該当します。

3　事実上の問題点

　ステマが景品表示法に違反しない場合でも，事実上の問題点があります。それはステマについて，世間的に良くないことという風潮があることです。もしステマであることがバレてしまうと，紹介動画を投稿したYouTuberの評判が下がってしまうことが考えられます。また，紹介動画を依頼した企業の評判も下がってしまうことも考えられますし，ステマを嫌う人により不買運動が行われてしまうことすらあります。このようにステマは，事実上のリスクも含んでいるので，ステマを行う際には慎重な判断が求められます。

用語解説

Q ＜ アプリ

　アプリとはapplication software（アプリケーションソフトウェア）の略で，メールや地図などの特定の目的にあった作業をする応用ソフトウェアのことです。スマートフォンならゲームやLINE，動画再生，パソコンなら表計算やワープロなど，OSの上にインストールして使うソフトウェアのことで，一般的には，パソコンの世界ではソフトと略され，スマホの世界ではアプリと略されています。

　アプリは基本ソフトであるOSごとに開発されるのが一般的で，iOSアプリやAndroidアプリというふうに頭にOSの名前をつけて区別されることもあります。iOS（アイオーエス）を搭載しているiPhone（アイフォン）やiPad（アイパッド）ではiOSアプリしか使えません。同様に，Android OS（アンドロイド・オーエス）を搭載しているAndroidスマートフォンやタブレットなどのデバイスではAndroidアプリしか使えません。

32 企業案件契約で気を付けるべきポイント

Q キーワード

#業務委託契約　#定額方式　#成果報酬方式　#公開保証　#不可抗力事項
#禁止事項

> **▶Q**　SNS上で多くのフォロワーを有するYouTuberは，企業から商品等をPRする依頼を受けることがありますが，①こうした「企業案件」では，注意すべき点はありますか。②企業と契約をした場合，どのような点に注意すればよいでしょうか。

▶**A**　①クライアント企業との間での業務委託契約においては，いくつか重要なポイントがあります。これらのポイントや交渉上の注意点については，マネジメント事務所に所属している場合でも，把握しておくことが大切です。②YouTuberの言動やイメージがクライアント企業の商品やサービスに影響を及ぼすケースがあるので，行動や言動には注意が必要となります。

◀■ **解　説** ■▶

　企業案件の契約は，企業が自社の商品やサービスの宣伝を目的としてYouTuberに動画制作や配信を委託するという，業務委託契約となります。

　マネジメント事務所に所属していない個人の場合には，YouTuber自身がクライアント企業との間で業務委託契約書を締結することになるので，契約の重要なポイントや交渉上の注意点について把握しておくことが大切です。その後にマネジメント事務所に所属することになった場合には，クライアント企業からの広告案件に関してはマネジメント事務所とクライアント企業との間で契約が締結されますが，そうなった場合でも，自分が受けている案件については，どのような条件で契約されるのかを知り，理解しておくことは重要です。

1　業務委託契約

　YouTuberがクライアント企業と締結する契約は，多くの場合，業務委託契約となっていますが，業務委託契約とは，準委任契約と請負契約の性質を併せ持つ契約であると解釈されます。準委任契約というのは，業務の受託者となるYouTuberが，委託者であるクライアント企業のために定められた業務を遂行することであり，準委任契約では，受託者は成果物の納品などといった結果の発生を保証しません。委託され，できたら成果物を納入するというだけの関係です。

　しかし，YouTuberがクライアント企業からの広告案件を受託する場合には，契約上決められた動画を制作し配信することが期待されています。この

意味で一定の結果が想定されていることが通常なので，YouTuberとクライアント企業との契約は，準委任契約としての性質だけでなく，受託者が結果の発生を保証する請負契約としての性質も併せ持つことになります。

2　YouTuberとクライアント企業の業務委託契約

　YouTuberとクライアント企業が締結する業務委託契約において典型的な条項例として以下のものがあります。

① 業務内容に関する条項
② 報酬に関する条項
③ 公開保証に関する条項
④ 不可抗力条項
⑤ 禁止事項に関する条項

(1)　業務内容に関する条項（①）

　「甲」はクライアント企業，「乙」はYouTuberとしますが，「甲は乙に対し，別紙で指定する甲の商品を乙の制作・出演する動画において紹介し，当該動画を乙が運営するYouTubeチャンネルにおいて配信する業務を委託し，乙はこれを受託する」といったものになります。

　クライアント企業からの広告案件の代表的なものは，クライアント企業が指定する商品やサービス等についてYouTuberが紹介動画等を制作し，その動画をYouTuberが運営するチャンネルに投稿して公開する業務となります。さらに，企業からの広告案件としては，動画制作・配信に関するものだけではなく，以下のような業務が依頼されることもあります。

・クライアント企業の指定するイベントに登壇し，司会やゲストとして出演する業務
・クライアント企業の指定する媒体からの取材
・YouTuberが運営するSNSにおけるプロモーション

これらの業務が，動画の制作・配信と併せて依頼される場合もあります。

　こうしたクライアント企業からの広告案件については，単発で受託する場合と継続的に受託する場合とがあり，継続的に受託する場合は，例えば毎月1本動画を配信するといったように一定の配信時期を定めるケースや，配信時期は特定せずに，配信する動画の本数だけを定めるケースなどがあります。

　⑵　報酬に関する条項（②）

　定額方式を採用する場合であれば，「甲は乙に対し，本契約締結時点における乙運営のチャンネル登録者数に○○円（消費税別）を掛け合わせた金額を本件業務の対価として支払うものとする」といったものになります。

　クライアント企業からの広告案件における報酬の算定方法は，「定額方式」と「成果報酬方式」の2種類があります。定額方式の算定方法としてよくみられるのは，ある時点におけるYouTuberのチャンネル登録者数に単価を掛け合わせるものです。定額方式には他に，YouTuberのチャンネルで公開されている動画の平均再生数に単価を掛け合わせる方式もあり，単価は案件により様々ですが，おおむね1円程度です。この算定方法を用いる場合には，どの時点での数を基準とするかを明確に定めておくことも重要となります。

　成果報酬方式とは，いわゆるアフィリエイト広告のように，一定の成果が達成されたときに報酬が支払われるものです。成果報酬方式を採用する場合には，報酬発生の要件となる成果地点を明確に契約条項で定めておくことが重要となります。具体的には，各動画に付いている説明欄である概要欄のURLを経由しない成果を報酬に含むか，ダウンロードや購入直後に解約があった場合を成果に含むかどうか，などを確認する必要があります。

　⑶　公開保証に関する条項（③）

　例えば，「乙は，本件業務に基づき作成された動画を，公開日から6か月間継続して公開する」といったものになり，「乙は，前項の期間経過後も当該動画を公開し続けるよう努めるものとするが，動画の公開に関する一切の責任を負わないものとする」とするべきです。

　クライアント企業が作成を依頼した動画は，YouTuberが管理するチャンネルにおいて公開されます。したがって，クライアント企業側としては単に動画を制作するだけでなく，ある程度継続した期間，YouTuberが管理するチャンネルにおいて動画を公開する保証を求めることが通常となります。

⑷　不可抗力条項（④）

　一般的に定められる不可抗力条項，「自然災害，火災及び爆発」，「伝染病」，「戦争及び内乱」等の他に，「YouTubeその他の委託業務に関連する第三者サービスのサービス停止，終了」，「当該サービスにおけるYouTuberのアカウント又はチャンネルの停止，終了」も含めておくべきです。

　YouTuber側としては永遠にYouTubeチャンネルを保持し続けるとは言い切れません。タレントになってYouTuberとしての活動を終了する可能性もあるでしょうし，転職して会社員になる可能性もあります。そのようなケースに備えた不可抗力条項を考えておくことも必要となります。

　また，YouTuberがクライアント企業と締結する契約においては，一般的な不可抗力条項のほかに，YouTube自体のサービス提供の終了やアカウント凍結についても免責の対象として明記しておくことをお勧めします。クライアント案件における動画制作及び配信は，YouTubeというプラットフォームに依存したものなので，YouTube自体が閉鎖されたり利用できなくなったりする事態が生じれば，YouTuberがクライアント企業から受託した業務は遂行不可能となるので，付記することをクライアント企業に求める方がいいでしょう。

　YouTubeの閉鎖よりも発生する可能性が高いものとして，アカウント凍結があります。YouTuberが配信する動画が他人や他社の権利を侵害しているなどとしてクレームが申し立てられた場合，審査次第ではアカウントが停止されてしまうことがあります。このような場合には，当然ながら制作した動画を配信することができなくなり，契約上の義務の不履行となってしまいます。アカウント凍結は有名YouTuberであっても時々起こっていますから，アカウントの停止や終了を不可抗力条項に追記することを可能な限り，クライアント企業に求めたいところです。

⑸　禁止事項に関する条項（⑤）

　禁止事項に関する条項は，「甲及び甲の指定する第三者の企業，商品，サービスのイメージを損なう言動」，「犯罪行為，公序良俗に反する行為，あるいは社会的体制を受ける行為」，「甲又は甲の取引先等の名誉又は信用を著しく毀損する行為」等を禁じるものとなります。

　YouTuberがクライアント企業から案件を受ける場合，YouTuberの言動やイメージがクライアント企業の商品やサービスに影響を及ぼすケースがあります。YouTuberの場合には，芸能人と比較すると必ずしも清廉潔白なイメージを求められるわけではないので，少なくとも現段階では，芸能人ほど私生活に気を付けなければいけない状況ではありませんし，行動や言動を厳しくチェックされたりするわけでもありません。

　しかし，例えばクライアント企業から自社商品の宣伝動画の作成を依頼されたYouTuberが，プライベートで使用しているSNSの匿名アカウントでその企業や商品の悪口を投稿するようなことが実際に起こっています。そうした場合だけでなく，クライアント企業やその商品等のイメージを明らかに損ねる行為については，契約書において禁止事項とされることが通常です。

用語解説

🔍＜ アフィリエイト広告

　「アフィリエイト広告」とは，通常「成果報酬型広告」を指します。
　広告は通常，「掲載」されることで広告費が発生しますが，アフィリエイトは掲載だけでは広告費は発生しません。また広告が「クリック」されただけでも広告費は発生せず，例えばYouTuberの動画を見た人が動画の概要欄などに記載されたURLをクリックし，宣伝対象であるアプリをダウンロードするといったような，成果（購入，資料請求，会員登録などのアクション）をした場合に，広告費が発生します。

不可抗力

　不可抗力の確立した定義は存在しません。一般的には，外部的な要因により発生した事象で，取引上あるいは社会通念上普通に要求される一切の注意や予防方法を講じても損害を防止できないものといった定義がされますが，具体的にどのような事象が含まれるかは明確ではありません。また，不可抗力による契約責任の減免が認められるためには，不可抗力事象の存在だけでなく，当該不可抗力事象によって契約の履行が困難になったという因果関係が必要ですが，契約の履行困難が不可抗力事象によるものなのか，あるいは

債務者が制御し得るその他の事象に起因するものなのかの判断や立証は決して容易ではありません。

 # 33 広告が炎上したときの対応方法

🔍 キーワード

#炎上　#発信者情報開示　#利用規約　#削除申請　#風評被害
#検索エンジン　#検索サイト

▶Q　①自社が出しているYouTube上の広告に対して批判的コメントが殺到し，「炎上」状態に陥ってしまいました。対応を教えてください。②炎上の原因が外部ページにある場合，それらはどのようにすれば削除できるのでしょうか。

▶A　①まずは冷静になり，可能なら弁護士等の外部コンサルに相談して，できる限り客観的に方針を決める必要があります。そこで，炎上した原因がこちら側にある，と判断するならば，誠実に，不必要なことを言わずに謝罪することが必要です。また，売上げや求人に支障がないと判断できれば，無視をすることで，結果速やかに鎮火が進み，被害が小さく済む場合もあります。②各サイトごとに利用規約があり，投稿がその規約に違反していることが認められれば，削除申請をすることで，その投稿を削除してもらえる可能性があります。サイトごとにその判断軸は異なりますが，そのきっかけが「事実ではない」のか，個人の「感想」（店員の対応が悪い，商品が美味しくない等）なのかを区別し，「事実ではない」と言えれば，削除してもらえる可能性が高くなります。

■■■　解　説　■■■

「炎上」とは，「インターネット上で特定の対象に対して誹謗中傷が殺到して収拾がつかなくなった状態」若しくは，「特定の話題に関する議論の結果多くのブログや掲示板などでバッシングが行われる状態」と，一般的にはされています。

炎上発生件数はSNSが普及し始めた2011年頃から急激に増加しており，毎月100件以上の炎上事案が発生しているといわれています。このうち，企業に発生するインターネット炎上は，「ユーザーからの不買運動」や「得意先からの取引停止」をはじめ，様々な方面でネガティブな結果をもたらす可能性があります。

1　企業炎上の3つの類型

一般に，企業の炎上は，その形態により，3つに分類できます。

(1)　営業や売上げに影響を及ぼす場合

企業活動や商品に関する悪評が流れ，売上げが下がってしまう場合があります。例えばバイトテロ（飲食店で働く非正規雇用の従業員が商品等を使用して悪ふざけする様子をSNSに投稿した事例）や，従業員の言動（ホテルや不動産会社の従業員が，芸能人や客に関するプライバシーを晒してしまった事例）などがきっかけとなって炎上した場合が，これに当たります。商品の欠陥に関する根も葉もない噂（商品に異物が混入していたなど）がSNS上で広まることもあります。こうした場合には，営業や売上げに大きな影響が生じることとなります。

(2)　求人・採用に影響を及ぼす場合

「あの会社はブラック企業だ」など，職場環境や人間関係に関する悪評を立てられることによって求人に対する応募が激減するなどの場合があります。かつての求人の媒体はタウンページくらいでしたが，今ではほとんどがインターネットです。新卒の就活生や転職希望者のほとんどが検討している会社の名前をインターネット検索しています。インターネットを使っていない求人は存在しないといってもいい状況だからこそ起こるケースですが，退職者

や不満を持つ社員によって投稿された記事等が悪影響となり，求職者が応募をやめるという懸念があります。

(3)　上場審査の障害になる場合

インターネット上での「あの企業は法令違法をしている」等の記事や評判が，上場審査の大きな障害になる場合があります。新規の上場申請に伴って監査法人に上場審査のアドバイザーとして入ってもらうことがありますが，その監査法人からインターネット上での自社のレピュテーション（社会的評判・評価）に指摘が入ったら，速やかに対応しなければなりません。

2　企業炎上への備え

事業者は，インターネットを通じて売上げや求人に悪影響が出ている場合，「自社が風評被害に遭っている」という可能性を考えていいでしょう。主力商品の種類が少なく，かつそれらをサイト経由で販売している中小企業の場合，一度の炎上で商品売上げがほぼゼロになる可能性すらあります。現在では，多くのユーザーが商品を購入する際には，事前にネットで当該商品の評判を検索するので，検索エンジンのファーストビュー（検索結果画面で最初に表示される範囲）にマイナス情報が書かれていると，購入率が下がる確率が非常に高くなるのです。

したがって，自社の企業名や商品名を検索サイトで検索し，その結果の1ページ目を，定期的に監視することが必要です。また，売上げや求人を特定のサイトに依存する割合が高いのであれば，そのサイト内の自社に関するページのコメント欄に注意すべきです。

転職系の口コミサイトに関しては，主要なサイトがいくつかありますが，社名で検索した際，最初に表示される転職サイトが企業によって異なるので，最上位に表示されるサイトから順に対応を考えることが重要となります。

中小企業や個人事業主の場合，オフラインでの人間関係のこじれがオンラインに出てしまうパターンが多いため，退職する従業員やユーザーへの対応に気を付けておくことが大切となります。

3　炎上の実態

　炎上の媒体や，炎上に参加する人について，知っておくことが必要です。

(1)　炎上の媒体

　5ちゃんねるなどの匿名掲示板が炎上を起こしやすいと考える人が多いのですが，現時点ではTwitterが炎上リスクが高い媒体の1つといえます。炎上が広がり，まとめブログや匿名掲示板，ウェブメディアなどがTwitterの投稿を引用することで拡散が大きくなっていくケースが多く，自殺した女子プロレスラーKさんへの誹謗中傷も，Twitterが主な端緒の一つでした。ブログが炎上することもありますが，Twitterに意見が投稿されることで拡散し，炎上が広がる場合が多いといえます。Twitterは，あまり深く考えずに文章を書き連ねていく，まさに「つぶやく」という性質があることから，炎上が広がりやすい媒体だといえるでしょう。

　しかし，最近は，YouTubeやInstagramなどの，ライブ配信・動画・画像が炎上に発展する場合が増えています。インターネットメディアでも動画や画像に関するサイトが注目されており，投稿者が差別化を図る結果，炎上の数も増えているというわけです。

(2)　炎上参加者

　様々な調査結果があり，炎上の定義によっても異なりますが，炎上参加者はインターネット利用者の数％程度のごく少数にすぎないという点において共通しています。

　こうして生み出される炎上は，「数人いれば作れてしまう」ということを知っておいた方がいいでしょう。炎上は1人で作り出すことは難しいのですが，3人いれば簡単に作れてしまいます。中小企業の場合には，犯人は特定少数と考えて差し支えありません。まとめサイトなどで生み出される炎上は，不特定多数が批判しているように見えますが，発信者情報開示請求を行い発信者を特定すると，投稿元は最初の1人と便乗した2人，合計で3人くらいしかいなかったなどということがよくあります。

(3)　炎上への対応

　自社がインターネット炎上してしまったら，どのように対応すればいいの

でしょうか。判断を間違えると，一般ユーザーからますます怒りや不満を買ってしまい，火に油を注ぐこととなる可能性があります。

　まず，落ち着くことが大切です。炎上のショックで取り乱してしまうことが多いのですが，冷静な対応こそが必要です。例えば，自社アカウントで炎上が起きた場合，慌てて問題の投稿等を削除すると，ユーザーは「隠蔽」，「誤魔化し」と捉える可能性が高く，炎上が加速する場合が多くあります。

　また，対応や発言が一貫せず，「不誠実だ」とされてしまったら，収拾不可能となってしまいます。「誤解があったようですが」などという不誠実な対応は，致命的です。「悪いのは誤解したあなたたちの方だ」と，開き直っていると思われてしまうからです。炎上する原因がこちら側にある場合には，謝るしかありません。誠実に，何よりも一貫した姿勢で，不必要なことは言わずに謝罪しましょう。しかし，その場合にも，謝罪するという対応策を企業として決定してから，企業として実行することが大切です。

　反論する場合には，筋が通っているのかどうか，判断が独りよがりにならないよう，弁護士等の外部コンサルを使うべきです。

　売上げや求人に支障がないと判断できれば，無視した方がよい場合もあります。全国規模で展開している大企業や公的機関でないのであれば，スルーする方が速やかに鎮火し，被害が小さくて済む場合が多くあります。中小企業や個人事業主の場合は，特に状況判断が必要です。こうした判断も，対応に慣れた弁護士等の外部コンサルの客観的な判断に委ねる方がいいといえます。

(4)　原因の削除

　炎上の原因やきっかけがインターネット上にある場合，それらはどうすれば削除できるのでしょうか。まずその投稿が「事実」なのか，それとも個人の「感想」なのかを区別する必要があります。嘘であれば削除しやすいですが，個人の感想（店員の対応が悪い，商品が美味しくないなど）については削除申請しにくいからです。

　ただし，飲食の口コミサイトやSNSに関しては，「事実」か「感想」ということとは別の判断軸があり，投稿が「利用規約違反」ということなら削除を申請し，認めてもらえる可能性があります。飲食の口コミサイトや

Twitterなどは，自由な言論を形成することでプラットフォームとしての価値を形成しているのですが，自分たちで利用規約を決めている以上，違反の事実があれば話が通しやすくなります。これはYouTubeも同様です。

4　YouTuberの場合

　3股疑惑により炎上した物申す系YouTuber，VALU（仮想通貨によって自分自身の価値を売買）へ参入した結果YouTube史上最大の炎上といわれた3人のYouTuber，友人やYouTube仲間の悪口をTwitterに書いていたことが発覚して丸坊主になることとなった女性YouTuber，例を挙げればきりがないほどに，YouTubeでは炎上が頻発してきました。

　しかし，これらの多くは間もなく沈静化し，問題を起こしたYouTuberの多くは復活しています。これにはいくつかの要因が考えられますが，最大のものは，YouTubeの場合，速やかに問題動画を削除し，謝罪動画を投稿できるからでしょう。炎上を起こしてしまったYouTuberのほとんどは，動画を削除するとともに直ちに謝罪動画を投稿し，1か月半〜3か月程度の活動休止を発表しています。

　一般的な芸能界よりも距離が近いがために，週刊誌等のマスコミを介さずに，直接批判が集まりやすく，炎上しやすいYouTubeですが，復活したYouTuberは多くいます。

　冷静で速やかな謝罪であれば，良い結果を生むといえるでしょう。

用語解説

Q＜　風評被害

　風評被害とは，根拠のないうわさやデマにより，企業・団体や個人に悪い影響が生じること，特に「経済的な被害」を指します。

　大きな事件や災害が報道されると，人々は自分に危害が及ぶことを恐れるあまり，事実とは異なる情報を信じてしまうことがあります。そのために，物が売れなくなったり，サービスが利用されなくなったり，また人が差別を受けたりすることとなります。これまで大きな事件があるたびに，風評被害が問題に

なってきました。東日本大震災では，福島第一原発の事故による放射能汚染を
めぐり風評被害が心配されました。実際にいくつかの県で，空気，土，海水や
食べ物などから，原発事故が原因となる放射性物質が見つかり，稲を植えるこ
とを禁止する作付禁止や，採れたものを市場に出すことを制限する出荷制限な
どの対策が取られました。しかし，放射性物質が検出されていない食べ物や，
そもそも被ばくのおそれのないものまでが利用を忌避され，商品が売れなくな
り，損害を受けるといった風評被害が，起きました。

コラム／〜バイトテロ〜

　バイトテロはSNSが普及し始めた2013年に急増しました。SNSに不適切動
画などが投稿され，同じプラットフォームで数万人規模のユーザーが飛びつ
いてリツイートなどのアクションをし，そこから匿名掲示板でスレッドが立
てられたり，ネットニュースに掲載されたりした結果，ある程度拡散したタ
イミングでテレビ，新聞などで報じられるケースが多かったといわれていま
す。このため，最初にSNSに投稿されてから数か月後に炎上することも珍し
くなかったのですが，最近は不適切投稿を見つけた人がYouTuberなどのイ
ンフルエンサーに通報し，拡散を求めるパターンが増えています。そしてイ
ンフルエンサーが発信した情報をメディアがキャッチし，タイムリーな
ニュースとして報じるため，炎上までのスピードが速まり，最初のSNS投稿
から数日後にテレビニュースになってしまうことも少なくありません。

第3 企業が受ける権利侵害

 34 「踊ってみた」動画と著作権

🔍 キーワード

#損害賠償請求　#削除請求　#発信者情報開示　#ライセンス契約

> **▶Q** 　当社が発表した作品の音楽とダンスの振り付けに合わせて，投稿者がその振り付けを踊るという「踊ってみた」動画がYouTubeに投稿されています。これに対し①当社は，当該動画公開の差止めを請求することができるでしょうか。②投稿者に対して，損害賠償を請求することはできるでしょうか。③投稿者より許諾を求められたときはどのように対応すべきでしょうか。

▶A 　①当該動画の音楽について著作権侵害を主張でき，若しくはダンスの振り付けに著作物性が認められるのであれば，それについても，YouTubeに動画公開の差止めを請求することが可能です。②発信者情報開示請求を経て，投稿者に対して損害賠償請求を行うことが可能です。③有償又は無償のライセンス契約を行うことを検討すべきです。

解　説

1 振り付けの著作権

　「踊ってみた」動画に使われている音楽に著作権が認められるのは問題がありませんが，本件においては，「踊ってみた」動画に関して著作権に基づいて何らかの請求をするためには，振り付けが著作物として認められるのか

否かも検討する必要があります。

　著作権法10条１項で「著作物の例示」が行われていますが，この３号に「舞踊又は無言劇の著作物」とあり，ダンスの振り付けは，「舞踏」に該当すると考えられます。

　実際，バレエ（東京地判平成10年11月20日知的財産権関係民事・行政裁判例集30巻４号841頁），日本舞踊（福岡高判平成14年12月26日Westlaw 2002WLJPCA 12269005），フラダンス（大阪地判平成30年９月20日判時2416号42頁）の著作物性を肯定した裁判例があります。

　一方，全ての振り付けが著作物と認められるわけではありません。例えば，手あそび歌の「キラキラほし」の振り付けについては，「歌詞に合わせて両手首を回すことは，星が瞬く様子を表すものとして，誰もが思いつくようなありふれた表現」であるとして，著作物性を否定した裁判例があります（東京地判平成21年８月28日Westlaw 2009WLJPCA 08289001）し，社交ダンスの振り付けについては，単に既存のステップを組み合わせたにすぎない等として，著作物とは認めなかった裁判例があります（東京地判平成24年２月28日Westlaw 2012WLJPCA 02289016）。

　しかし，独自性があれば，振り付けについては著作物性が認められる可能性が高く，今後は，クラシック・ダンスや伝統舞踊だけでなく，動きや振り付けがより複雑で選択の幅も広いロック・ダンスやヒップホップ・ダンスについても，広く著作物性が認められていく可能性が高いといえるでしょう。

　では，音楽や振り付けが著作物として認められた場合，どのような権利侵害が成立し得るでしょうか。

2　公衆送信権と複製権

　まず，「踊ってみた」動画は無断でYouTubeに投稿されているため，公衆送信権（著23条１項）を侵害する可能性があります。公衆送信とは，インターネット等により不特定多数の者に向けて情報を伝達する行為をいい，公衆送信権とは，著作物をインターネット等で伝達することを著作権者に独占的に認める権利です。「踊ってみた」動画は，著作物である音楽や振り付けを許

諾なく動画共有サイトに投稿し，誰もが閲覧可能な状態に置いていることから，公衆送信権の侵害が問題となります。なお，原則として公衆送信権を含む著作権は作曲家などの著作者が専有します。そのため，「踊ってみた」動画に対して著作者でない者や企業が，権利侵害を主張して何らかの請求をするためには，公衆送信権を有する作曲家，作詞家，振付師等からこれを事前に譲り受けて，著作権者となっていることが必要です。

　また，動画共有サイトに投稿するために，投稿者が踊っている動画を録画した場合，複製権（著21条）を侵害する可能性があります。複製とは，何らかの記録媒体に著作物を記録，保存することで，著作物を紙にコピーすることや，CDやDVDへの録音，録画など，日常の身近な行為の多くが複製に該当しますが，複製権は著作物を複製することを著作権者に独占的に認める権利です。「踊ってみた」動画では，著作物である振り付けが，投稿者が踊ることを通じてスマートフォンなどの記録媒体に録画されているので，複製権の侵害が問題となります。

　もっとも，著作権が認められているからといって，著作物を利用する全ての行為に著作権者の許諾を求めることは適切でない場合があります。そこで，著作権者の独占と利用者の自由との調整が必要となり，著作権法上いくつかの例外規定が存在します。複製権に関しても，複製に該当する行為であっても，例外的に複製権の侵害としない行為が，著作権法上定められています。その一つが，私的使用目的の複製です（著30条1項）。この例外は，個人や家庭内といった私的領域で著作物を複製して使用する自由を保護する必要がある一方で，閉鎖的な私的領域内での利用であれば放任しても著作権者への経済的打撃が少ないという理由から設けられました。そのため，ここでいう私的複製とは，「個人的に又は家庭内その他これに準ずる限られた範囲内において使用すること」に限定されています。例えば，レンタル店から借りたCDを録音することは，録音者が個人的に楽しんだり家庭内で楽しんだりする目的であれば許される一方で，家庭を超えた多数の者が鑑賞することが目的であれば，私的使用目的の複製とはいえず許されません。

　本件の場合，「踊ってみた」動画は，投稿者が振り付けを踊る様子を個人や家庭内で鑑賞して楽しむ目的ではなく，YouTubeで不特定多数の者に閲

覧してもらう目的で録画されているので，私的使用目的の複製とはいえず，原則どおり複製権侵害が認められます。なお，私的使用目的かどうかは複製時を基準に判断するため，録画当時は個人的に鑑賞する目的しか有していなければ，私的使用目的の複製として複製権侵害とはならないことになります。ただし，録画時に個人的に鑑賞する目的であっても，その後に動画共有サイトに投稿した以上，投稿時点で複製を行ったものとみなされる（著49条1項1号）ので，やはり複製権侵害が認められる可能性が高くなります。

　さらに，音楽のマスターレコードを製作した「レコード製作者」（著2条1項6号）であれば，著作権とは別に著作者隣接権が認められています。「踊ってみた」動画を撮影する際に，投稿者が自ら演奏したり制作した音源ではなく，CD音源やダウンロード音源等をそのまま使用した場合には，レコード製作者の送信可能化権（著96条の2）を侵害する可能性があります。送信可能化の典型はインターネットに接続されたサーバーに著作物をアップロードすることであり，レコード製作者は送信可能化権に基づいてこのような行為を独占的に行うことができます。そのため，投稿者はレコード製作者の許諾なくCD音源などを勝手に投稿することはできません。裁判例では，カラオケ店においてカラオケ音源を用いてカラオケ歌唱を行っている様子を撮影した動画をYouTubeに投稿した行為が，カラオケ音源のレコード製作者の送信可能化権を侵害すると認めたものがあります（東京地判平成28年12月20日Westlaw 2016WLJPCA12209002）。

3　著作権侵害に対する損害賠償請求と差止め請求（①と②）

　「踊ってみた」動画により権利を侵害されたと認められた場合，権利者は投稿者に対して損害賠償請求をすることができます（民法709条）。また，差止請求として，動画共有サイト上の動画の削除請求をすることができます（著112条1項）。さらに，投稿者のスマートフォンなどに元の動画が記録されている場合には，再びこの動画が投稿されて同様の権利侵害が行われることを防ぐために，スマートフォンなどに記録されている動画の削除も請求することが考えられます（著112条2項）。上記平成28年判決では，カラオケを歌唱

している動画がYouTubeから削除されているとしても，元の動画の記録が，投稿者の保有する記録媒体から消去されたことはうかがわれないことから，元の動画も含めて削除する必要性があることを認めています。

　もっとも，インターネット上で匿名により投稿された動画についてこれらの請求を行う場合には，投稿者が誰なのかを事前に明らかにすることが必要です。そのために，「踊ってみた」動画の投稿が行われたサイトの運営者等に対して，投稿者を特定するための発信者情報開示請求を行うことになります。

　なお，著作権侵害を理由として運営者に動画の削除依頼をすることも可能です。YouTubeの場合は，動画に設置されている「報告」，「権利の侵害」，「著作権の問題」の順に選択をすると，「著作権侵害による削除通知を送信する」というページにアクセスすることができます。また，YouTubeでは専用のウェブフォームによる削除依頼だけでなく，メールや郵便などによる依頼も受け付けています。

4　ライセンス契約の締結

　投稿者が「踊ってみた」動画を公衆送信権や送信可能化権を侵害することなく，適法に投稿するためには，権利者の許諾が必要となります。許諾の方法としては，権利者と投稿者との間で有償又は無償のライセンス契約の締結を行うことを検討するべきです。ライセンス契約において権利者は，投稿者が動画を投稿できる動画共有サイトや利用頻度，利用期間などを限定することができます。

著作権法上の「利用」と「使用」の違い

　著作権法にいう利用（exploit）とは，書籍であれば「印刷」や「修正」を行うこと，音楽であれば「録音」や「演奏」を行うことなど，複製権や公衆送信権といった著作権等の「支分権」（著作権を構成する権利の一つ一つ

の権利）に基づく行為のことを指します。これらは，著作権者の許諾がなければできません。

これに対し，著作権法上の使用（use）は，書籍などであれば「読む」こと，音楽であれば「聴く」こと，映画であれば「観る」ことなど，著作物等の享受を指すことから，例えば書店で本を立ち読みしたからといって著作権法上の問題にはなりません。著作物の「使用」は，著作権を行使するわけではないからです。

複製権

手書，印刷，写真撮影，複写，録音，録画，パソコンのハードディスクやサーバーへの蓄積など，どのような方法であれ，著作物を「形のある物に再製する」（コピーする）ことに関する権利で，全ての著作物を対象とする最も基本的な権利です（著21条）。「生」のものを録音・録画・筆記するようなことも含まれます。

なお，脚本等の演劇用の著作物の場合は，それが上演・放送されているときに録音・録画することも，複製に当たります。

また，建築の著作物に関しては，その「図面」に従って建築物を作ることも，複製に当たります（建築に関する図面自体は，「図形の著作物」として保護されます）。

公衆送信権

公衆送信権は，著作物を公衆向けに「送信」することに関する権利（著23条）であり，公衆向けであれば，無線・有線を問わず，あらゆる送信形態が対象となります。具体的には，次のような場合が含まれます。
① テレビ，ラジオなどの「放送」や「有線放送」
（著作物が，常に受信者の手元まで送信されているような送信形態）
② インターネットなどを通じた「自動公衆送信」
（受信者がアクセスした（選択した）著作物だけが，手元に送信されるような送信形態。受信者が選択した著作物を送信する装置（自動公衆送信装置＝サーバーなど）の内部に著作物が蓄積される「ホームページ」のような場合と，蓄積されない「ウェブキャスト」などの場合）
③ 電話などでの申込みを受けてその都度手動で送信すること

（ファックスやメールを用いるもの。サーバー等の機器によってこれを自動化したものが②の場合）

上記②の場合，この権利は，サーバー等の「自動公衆送信装置」からの「送信」だけでなく，その前段階の行為である，「自動公衆送信装置」への「蓄積」（いわゆるアップロード）や「入力」（ウェブキャストなど蓄積を伴わない場合）などにも及びます。こうした行為により，蓄積・入力された著作物は，「受信者からのアクセス（選択）があり次第『送信』され得る」という状態に置かれるため，これらの行為は「送信可能化」と総称されています。

つまり，無断で「送信可能化」すると，まだ，受信者への送信が行われていなくても，権利侵害となるわけです。

コラム ～ライセンス契約～

著作権を持っている者（著作権者）が著作物の「利用」を他者に許諾する契約のことをいいます。著作権は，権利者でない人の「利用」を幅広く制限するものですが，それは裏を返せば，権利者が許可をすれば，権利者でない人の「利用」も認められるということを意味します。

35 ゲーム実況動画における「ネタバレ」への対応

キーワード

#ゲーム実況動画　#ネタバレ　#ガイドライン　#ゲーム実況動画の特殊性

> ▶**Q**　ゲーム内の主人公が様々な体験をするストーリー性の強い「アドベンチャーゲーム」を公開する際に，作品の重要な情報が流出し売上げの機会損失を防ぐため，事前に「ネタバレ」対策として注意喚起を行ってきました。しかし，YouTubeで，実況しながらゲームを行う様子を配信する「ゲーム実況」動画が多く公開されてしまったため，動画の公開差止めと損害賠償請求を考えています。①どのような方法で行うことができるでしょうか。②次回の作品ではどのような対策が可能でしょうか。

▶**A**　①著作権や著作隣接権の侵害を理由に，YouTubeに対して差止めを請求できます。また，YouTubeに対する発信者情報開示請求を経て，投稿者に対して損害賠償請求を行うことが可能です。②ゲームの広告になるという側面を持つゲーム実況動画の利点をいかして，あらかじめガイドラインを定め，利用可能な範囲や利用条件を確定し，その範囲内のみでの実況動画を認めるという対策が考えられます。

　　解　説

1　ゲーム実況動画

　ゲーム実況動画とは，YouTuberなどの動画投稿者が，実際にゲームをプレイしながら実況し，その様子を動画にして投稿するというものです。プレ

イするゲームについては，いろいろありますが，市販されているゲーム，スマートフォン向けに配信されているゲームや一般の人が作成し無料で公開しているゲームなど様々です。

　ゲーム実況については，実際のプレイ画面などを動画として投稿することとなるケースが多いため，著作権等の権利との関係が問題となる場合があります。また，ゲーム内で使用されている音楽についても著作権との関係が問題となる場合があります。

(1)　ゲーム実況との関係で問題となる法律

　ゲーム実況との関係で問題となる法律として，著作権法が考えられますが，そもそも，ゲーム内で使用されている音楽やゲームの映像は，著作権法上保護されているのでしょうか。もし，保護されていなければ著作権法との関係は問題となりません。

　著作権法10条1項では，著作物に該当するものの例を明記していますが，ゲーム内で使用されている音楽については2号の「音楽の著作物」に該当し，ゲームの映像については7号の「映画の著作物」に含まれるものとして著作物性が認められています。これにより，ゲーム内で使用されている音楽やゲームの映像は，著作権法で保護されます。

(2)　どのような場合に著作権法に違反することとなるか

　権利者の許諾を得ることなく，ゲームの映像やゲーム内で使用されている音楽を使用し，ゲーム実況動画を作成した後，YouTubeに動画を投稿した場合には，権利者の複製権や公衆送信権を侵害するものと判断される可能性があります。

　しかし，現実にはYouTubeに多くのゲーム実況動画が投稿されています。これらのゲーム実況動画のほとんどが，著作権法に違反しているということになってしまうのかというと，実は違います。ゲーム実況動画については，特殊な側面があります。

2　ゲーム実況動画の特殊性

　YouTubeに投稿されたゲーム実況動画を視聴した視聴者が，ゲーム実況

の対象となっているゲームをおもしろいと思えば，当該ゲームを購入する可能性があります。つまり，ゲーム実況動画は，ゲームの広告になるという側面があります。

特に，最近のゲームは，従来よりもストーリーの自由度が増しているものが多く，同じゲームをプレイしても，同じ展開となるとは限らず，いわゆるネタバレにはならない場合が多くあります。

ゲーム実況動画には，このような特殊な側面があるので，権利者であるゲーム会社がゲーム実況動画の投稿を認めている場合があります。そうすると，権利者の許諾があるので，YouTubeにゲームの実況動画を投稿しても，著作権法に違反することとはなりません。

(1) 「FINAL FANTASY Ⅶ REMAKE」のゲーム実況動画の場合

「FINAL FANTASY Ⅶ REMAKE」の実況動画が，YouTubeに数多く投稿されています。

これに関し，「FINAL FANTASY Ⅶ REMAKE」の権利者である株式会社スクウェア・エニックスは，著作物利用許諾条件を守ることで，ゲーム実況動画の公開を認めています（https://www.jp.square-enix.com/ffvii_remake/conditions.html）。

条件には，大きく分けて，2つの項目があります。

1つ目は，利用できる著作物についてです。この項目では，いかなる著作物を利用できるかということが規定されています。ゲーム実況動画を投稿する際には，利用できる著作物の範囲内であるかをしっかりと確認する必要があります。特に気を付ける必要がある点は，録画・撮影禁止区間に設定されている部分は利用許諾の対象外となっている点，及び楽曲「Hollow」を含むものは利用許諾の対象外となっている点です。

また，「FINAL FANTASY Ⅶ REMAKE」では，Chapter 18が，録画・撮影禁止区間に設定されています。これは，ゲームの終盤の部分であり，ゲームのストーリー上とても重要な部分であることから，前述したように，いわゆるネタバレをしてしまうとユーザの購買意欲が削がれてしまう可能性があるので，録画・撮影禁止区間に設定されているのでしょう。

2つ目は，著作物の利用条件についてです。この中で注意すべき点は，商

用・営利目的で著作物を利用することは原則的には禁止されているものの，YouTube等の動画投稿サイトが正式に提供するパートナー機能等を使用する場合は例外的に商用・営利目的に利用することは可能であるという点です。

(2)　他のゲーム会社の場合

任天堂も「ネットワークサービスにおける任天堂の著作物の利用に関するガイドライン」において，「個人であるお客様が，任天堂が著作権を有するゲームからキャプチャーした映像およびスクリーンショット（以下「任天堂のゲーム著作物」といいます）を利用した動画や静止画等を，適切な動画や静止画の共有サイトに投稿（実況を含む）することおよび別途指定するシステムにより収益化することに対して，著作権侵害を主張いたしません」とし，投稿を収益化することができる「別途指定するシステム」の中に，YouTubeのパートナープログラムを含めています。

カプコンも「カプコン動画ガイドライン（個人向け）」において，「機種にかかわらず，カプコンから発売されているゲームソフト（ゲームアプリも含む）全て」を対象として，YouTube等の動画共有サイトへのゲーム映像投稿と，YouTubeのパートナープログラム等での収益化を認めています（https://www.capcom-games.com/ja-jp/video-policy/）。ただし，「ゲームの公式発売日前のゲームコンテンツの投稿やその他の不正な情報開示は固く禁止します。ゲームの公式発売日後もネタバレはお客様の体験を台無しにする可能性があります。他のお客様に敬意を払い，ネタバレを積極的に避けている人々に故意に情報を開示するような行為はしないでください。ネタバレになりそうな場合は，その旨を明確に明示するようにしてください」と，ネタバレに注意を喚起しています。これは，表現が異なっていても，全ての会社，全てのゲームに共通する重要事項です。

また，カプコンは，「一部のゲームサウンドトラックまたは曲について，当社が権利を所有していない場合があります。その場合，アーティストまたはその管理者から使用許諾を得る必要があります。このような音楽の使用を理由に作成された動画が削除される可能性がありますのでご注意ください。また，ゲーム音楽を，ゲーム映像から切り離し，個別に投稿または配布することはできません」としていますが，これも同様といえます。

　セガも，「ゲームプレイ映像利用に関するガイドライン STREAMING GUIDELINE」において，YouTube等におけるプレイ動画の利用を認め，YouTubeのパートナープログラムでの収益化を認めています。

　このガイドラインには，「動画を投稿する際に，お客様の実況又はコメント等の新たな要素が含まれない投稿や当社のゲーム内の一部要素（映像，音楽，音声，デザイン等）を分割して個別に投稿すること，当社のゲームと無関係な動画に編集して投稿することはご遠慮ください」とあり，「動画の加工・改変について，第三者の権利を侵害することや本ゲームの内容を正しく把握することを妨げる過度な編集や加工は禁止とします」とありますが，これらも，表現が異なっていても，全ての会社，全てのゲームに共通する重要事項であり，守るべきエチケットといえます。

　こうした適切なガイドラインを定め，動画投稿を促し，ゲーム販売を図るという方法は，有効な戦略だと思われます。

著作物の例示

著作権法10条
　この法律にいう著作物を例示すると，おおむね次のとおりである。
① 小説，脚本，論文，講演その他の言語の著作物
② 音楽の著作物
③ 舞踊又は無言劇の著作物
④ 映画，版画，彫刻その他の美術の著作物
⑤ 建築の著作物
⑥ 地図又は学術的な性質を有する図面，図表，模型その他の図形の著作物
⑦ 映画の著作物
⑧ 写真の著作物
⑨ プログラムの著作物

コラム / ～FINAL FANTASY Ⅶ REMAKE～
株式会社スクウェア・エニックスの「FINAL FANTASY Ⅶ」は，1997年にPlayStationで発売されたファイナルファンタジーシリーズの７作目のゲームで，シリーズの中でも人気が高い作品です。2020年４月10日，PlayStation 4で，リメイク版「FINAL FANTASY Ⅶ REMAKE」が発売されました。

36　ファスト映画と法的侵害

🔍 キーワード

#ファスト映画　#漫画村　#翻案権　#差止め請求　#損害賠償請求

> **▶Q**　①公開済みの映画を無断で10分程度に編集し，インターネット上に投稿された「ファスト映画」による法的侵害を受けた場合には，どのような法的対応が可能ですか。②ファスト映画は引用として取り扱うことができるのでしょうか。

▶A　①刑事上の措置としては，著作権侵害として刑事告訴を求めることが考えられます。著作権侵害による罰則は，10年以下の懲役又は1000万円以下の罰金です。また，民事上の措置としては差止め請求と損害賠償請求などがあります。②ファスト映画は他人の著作物がメインで利用されているものであり，適法な「引用」には当たらず，著作権侵害に当たります。

◀ **解 説** ▶

　映画作品を著作権者に無断で，10分程度に短く編集した「ファスト映画」
と呼ばれる動画がYouTubeに投稿されることがあります。本物の映画のシー
ンをつないだネタバレありのファスト映画は，そのほとんどが違法です。
ファスト映画は著作権者の承諾を得ずに作成されていますが，放置しておけ
ば映画業界にとっては大きな打撃になり得ます。

1　ファスト映画

　1本の映画を映画配給会社などの著作権者に無断で10分程度に編集した
ファスト映画は，主にYouTubeに投稿されています。新型コロナウイルス
感染症により外出自粛が長期化する中，自宅で楽しめる動画や映画の人気が
高まっていることが背景にあると考えられています。ファスト映画の投稿者
はこのような閲覧者側の需要に乗じて，著作権者に無断で人気映画を編集し
てYouTubeに投稿しています。有名なファスト映画のYouTubeチャンネル
は，月間で数百万円もの広告収入を得ているといわれていました。ファスト
映画は著作権者に無断で著作物をインターネット上で公開して広告収入を得
ていますが，こうした構造は，運営者が逮捕された「漫画村」事件と類似し
ています。

　ファスト映画によって映画業界が受けた被害は，1年で950億円にも上る
ともいわれており，こうした事態を重く見た映画会社などの団体が法的手続
に乗り出す事態にまで発展しています。

2　ファスト映画と著作権

　前提として，映画は著作物として著作権法によって保護されます。した
がって，ファスト映画を無断で編集しYouTubeに投稿する行為は著作権侵
害となります。もっとも，著作権自体は複数の権利からなります。そこで
ファスト映画が著作権のうち，どのような権利を侵害することになるかにつ

き，解説します。

(1)　翻案権

著作権は多くの内容を持つ「権利の束」とイメージされています。その一つに，著作物を翻訳，編曲，変形，脚色等をする権利である「翻案権」があります。映画を著作権者に無断で編集することは，著作権者の翻案権を侵害するものといえます。

(2)　公衆送信権

著作権のうち「公衆送信権」と呼ばれる，著作物を公衆向けに「送信」することに関する権利があります。ファスト映画がYouTubeなどインターネットに無断で公開されている場合には，公衆送信権の侵害にも当たります。

3　ファスト映画と「引用」

著作権法上「引用」である場合には，著作権者の承諾を得ずに著作物を使用しても違法ではありません。ファスト映画の投稿者たちは，ファスト映画は「引用」に該当すると主張しているのですが，ファスト映画は「引用」に当たるのでしょうか。「引用」として適法となるための要件の一つが公正慣行要件である出所（出典）の明示です。ファスト映画はどの映画作品を編集したものかが明示されているため，出所の明示があり「引用」に当たると主張する人がいます。

しかし，「引用」とは，自分の著作物の中に他人の著作物を利用することをいいます。「引用」といえるためには，引用の目的上正当な範囲内で行われる必要があり（正当範囲要件），適法な「引用」とは，自らの著作物の中でサブ的に第三者の著作物を利用するということが前提となっています。これに対し，ファスト映画は他人の著作物がメインで利用されているものです。したがって，適法な「引用」には当たらず，著作権侵害に当たると判断されるのが一般的です。

4　刑事上の措置

　ファスト動画が著作権侵害となる場合，その作成者などは刑事罰の対象となります。著作権侵害による罰則は，10年以下の懲役又は1000万円以下の罰金又はこれの併科です（著119条1号）。

　2021年6月23日，宮城県警と塩釜警察署は「ファスト映画」を権利者の許可なくYouTubeにアップロードしたとして，3人を著作権法違反の疑いで逮捕しました。ファスト映画をめぐる摘発はこれが初めてでした。3名は，2020年初頭から10月下旬頃までの間に，東宝が著作権を有する「アイアムアヒーロー」，「告白」，「悪の教典」などを含め，13社54作品のファスト映画を作成し，YouTubeに投稿し，広告収入を不当に得ていました。

　2021年11月の裁判では，裁判所は翻案権と公衆送信権の侵害を認め，被告3人にそれぞれ，懲役2年執行猶予4年及び罰金200万円，懲役1年6月執行猶予3年及び罰金100万円，懲役1年6月執行猶予3年及び罰金50万円の判決を言い渡しました（仙台地判令和3年11月16日Westlaw 2021WLJPCA 11166004）。

　なお，ファスト動画と似た構造を持つ事件であった海賊版サイト「漫画村」事件では，サイトの運営者に懲役3年の実刑，罰金1000万円，追徴金6257万1336円の判決が出ています（福岡地判令和3年6月2日Westlaw 2021WLJPCA 06029001）。

　著作権侵害については従来は親告罪であったので，被害を受けた著作者自身が刑事告訴をしなければ起訴されることはありませんでした。しかし，2018年の著作権法改正により，以下の著作権侵害は刑事告訴がなくても起訴されることになっています。

- 対価を得る目的又は権利者の利益を害する目的
- 有償著作物等（有償で公衆に提供され又は提示されているもの）を原作のまま譲渡・公衆送信又はこれらの目的のために複製
- 有償著作物等の提供・提示により得ることが見込まれる権利者の利益が不当に害される場合

　ファスト映画は上記の要件を満たしており，著作者の刑事告訴がなくても

捜査・起訴される可能性があります。ただ，確実に刑事告訴を求めたいという場合には，映画会社などの著作者は刑事告訴をした方が確実でしょう。

5 民事上の措置

刑事上の責任追及と併せて，民事上の措置を行うことができます。民事上の措置としては，著作権侵害行為をやめさせる差止め請求と損害賠償請求などがあります。

(1) 差止め請求

既に著作権を侵害するファスト動画が投稿されてしまっている場合には，すぐに動画の削除を求める必要があります。「著作権侵害による削除依頼を送信する」に従って，YouTube側に削除依頼を提出し，動画を削除してもらう方法がまず考えられます。

もっとも，ファスト映画投稿者が複数のYouTubeチャンネルを保有している場合があります。そうすると著作権侵害を訴えて１つのチャンネルが削除されても，また別のチャンネルで新たにファスト映画が投稿されることが考えられます。そこで，YouTubeへの著作権侵害の申立てと並行して，裁判所に対して侵害行為の停止を求める仮処分申立てを行うことも検討する必要があります。

(2) 損害賠償請求

著作権者はファスト映画の投稿者に対して，損害賠償請求をすることができます。

コンテンツ海外流通促進機構（CODA）と日本映像ソフト協会（JVA）の会員企業13社は，「ファスト映画」を無断でアップロードしていた被告３名に対する損害賠償請求訴訟を，2022年５月19日付けで東京地方裁判所に提起しました。被告３名は複数のYouTubeチャンネルを運営していたことを認めており，ファスト映画の再生数は合計約1000万回に上りました。原告13社は，損害額を20億円相当と算定し，まず，最低限の損害回復として５億円の一部請求を求めました。

なお，海賊版サイト「漫画村」に無断で著作物を掲載された漫画家が，同

サイトに掲載する広告を募った代理店2社に対し，1100万円の損害賠償を求めた裁判では，裁判所は「漫画村」に広告を出稿し，広告料を支払う行為は，原告の漫画の公衆送信権の侵害行為を幇助し又は容易ならしめる行為であるとし，被告2社に連帯して1100万円の請求全額の賠償を命じています（東京地判令和3年12月21日Westlaw 2021WLJPCA12216001）。これも，損害賠償の一つの方法といえます。

親告罪

　親告罪とは，告訴権者からの告訴がなければ，公訴提起（起訴）できない犯罪のことをいい，名誉毀損罪や侮辱罪，信書開封罪・秘密漏示罪，過失傷害罪などが挙げられます。被害者のプライバシーが侵害されるなどの不利益が生じるおそれがある犯罪の絶対的親告罪，介入に抑制的であるべきとされる一定の親族間（配偶者・直系血族又は同居の親族）による窃盗罪・詐欺罪・横領罪などの犯罪の相対的親告罪と区別しています。

　著作権法上，親告罪とされているのは，以下の8つです。
① 著作権，出版権又は著作隣接権に対する侵害（119条1項）
② 著作者人格権又は実演家人格権に対する侵害（119条2項1号）
③ 営利目的による自動複製機器の供与（119条2項2号）
④ 侵害物品を頒布目的により輸出，輸入，所持する行為（119条2項3，4号）
⑤ 権利管理情報営利改変等（120条の2第3号）
⑥ 国外頒布目的商業用レコードの営利輸入等（120条の2第4号）
⑦ 外国原盤商業用レコードの無断複製（121条の2）
⑧ 秘密保持命令違反（122条の2第1項）

　これらの罪が親告罪とされた制定趣旨として，①〜⑥についての保護法益は，著作権・著作者人格権・出版権，実演家人格権及び著作隣接権という私権であって，その侵害について刑事責任を追及するかどうかは被害者である権利者の判断に委ねることが適当であり，被害者が不問に付することを希望しているときまで国家が主体的に処罰を行うことが不適切であるためです。

　⑦についての保護法益は，レコード製造業者がレコード製作者との契約によって得べかりし経済的利益であり，その侵害に対する刑事的責任の追及も，

第一義的には，無断複製された商業用レコードの現製作者であり被害者であるレコード製造業者の判断に委ねることが相当であるためです。

また，⑧については，秘密保持命令が，営業秘密を保護するための制度であるにもかかわらず，秘密保持命令違反の罪の審理は，憲法上の要請から公開せざるを得ないことから，その対象となった営業秘密の内容が審理に現れ，漏えいするリスクが想定されます。このため，その起訴を営業秘密の保有者の意思に委ねているのです。

なお，非親告罪となっているのは，死後の人格的利益の保護侵害（120条），技術的保護手段を回避する装置・プログラムの公衆譲渡等の罪（120条の2第1号及び2号），出所明示の義務違反（122条），著作者名を偽る罪（121条）です。

差止め請求権と損害賠償請求権

差止め請求権は，法律で定められたものではなく，判例やその他の法令の規定により，認められてきた権利です。他人から権利を侵害されるおそれがあるときに，その行為をやめることを請求する権利であり，発生していない損害を防ぐという事前の救済措置となります。これに対し，損害賠償請求権は，発生してしまった損害の回復を求める措置です。

37 著作権侵害行為の損害の推定

🔍 キーワード

#損害額の推定　#はるか夢の址　#漫画村　#海賊版サイト

> **▶Q**　①著作権侵害行為による損害を請求することは可能でしょうか。②可能である場合には，著作権侵害行為の損害額は，どのように算出されるのでしょうか。

▶A　①著作者が被った，著作権侵害行為と因果関係のある損害は，請求することができます。②ただし，その額がどのくらいになるのかは，立証が非常に困難です。著作権侵害行為が無い場合の売上げと，現実の売上げとの差額を算出し，著作権侵害行為と相当因果関係のある金額を算出する必要があるためです。そもそも著作権侵害が無かった場合にどのくらいの売上げがあったかは仮定にすぎないともいえ，立証は困難といえます。

◀ 解　説 ▶

1 損害額の推定

　著作権法では，著作権侵害時の損害額の立証を容易にするために，損害額の推定につき，著作権法114条で，1～3項の3つの規定を設けています。

　(1)　**譲渡数量による推定**

　著作権者等は，侵害によって譲渡された物の数量又は受信されることにより作成された著作物若しくは実演等の複製物の数量に，著作権者等がその侵害の行為がなければ販売することができた物の単位数量当たりの利益の額を乗じて得た額，つまり，"譲渡等数量×著作権者の単位数量当たり利益額"

を損害額とすることができます。ただし，著作権者等の販売能力に応じた額を超えることはできません（著114条1項）。

　出版社が，少年マガジン等の電子書籍をキャプチャしたファイルをネットに違法アップロードした行為を複製権，自動公衆送信権侵害として損害賠償を請求した「はるか夢の址」事件では，電子書籍の販売利益率が45%（150円の利益となる），ダウンロードが100万回余りとして，約1億5000万円の逸失利益と，この10%の約1500万円の弁護士費用相当額が，相当因果関係に立つ損害額として認定されています（大阪地判令和元年11月18日Westlaw2019WLJPCA11189002）。

(2)　侵害者利益額による推定

　著作権者等は，侵害した者がその侵害行為により利益を受けているときは，その利益の額を，損害の額と推定することができます（著114条2項）。なお，ここでいう利益とは，粗利や経常利益等ではなく，製品を追加的に売り上げる際の売上げから追加費用（変動費用）を除外した，いわゆる「限界利益」とされています。

　プリント教材を複製して販売する行為が著作権侵害とされた事件では，月額の売上げ12万円，複写権使用料5%，文具費（主として紙代）10%，発送・通信費として15%を変動経費として控除し，限界利益率は70%とされました。これにより，10年弱の利益額は12万円×12か月×（9年+342日/365日）×0.7＝1001万6482円であり，著作権者には同額の損害が生じたと認定しています（大阪地判平成28年2月8日Westlaw2016WLJPCA02089002）。

(3)　使用料相当額による推定

　著作権者等は，侵害した者に対し，受けるべき金銭の額に相当する額を自己が受けた損害の額として，その賠償を請求することができます（著114条3項）。

　原告が著作権を有する販売価格19万9500円のソフトウェアの一部を改変した違法複製品を，56回ダウンロード販売された事件では，裁判所は実施料率に関する統計データや，事案の悪質性を考慮し，ライセンス料率を50%とし，558万6000円（19万9500円×0.5×56）の損害を認定しています（東京地判平成27年2月12日Westlaw2015WLJPCA02129003）。

(4) 相当な損害額の認定

　こうした規定にもかかわらず，損害額の立証が難しい場合もあります。

　利益の額や販売額等を示す資料は侵害行為者の手元にあり，著作権者がこれらの額を立証することは実際上困難を伴うことが多いのが現実です。そこで，当事者の申立てにより，裁判所は当事者に対して，侵害行為による損害の計算をするために必要な書類の提出を命じることができると定められています（著114条の3）。同条の対象には，侵害行為について立証するために必要な書類も含まれています。また，裁判所が当事者の申立てにより，損害算定のための専門的知識を有する計算鑑定人の鑑定を命じたときには，当事者はその鑑定人に協力しなければなりません（著114条の4）。そして，損害額の認定が損害額を立証するために必要な事実を立証することが当該事実の性質上極めて困難であるときは，裁判所は，口頭弁論の全趣旨及び証拠調べの結果に基づき，相当な損害額を認定することができます（著114条の5）。

　海賊版サイト「漫画村」に無断で著作を掲載された漫画家が，同サイトに掲載する広告を募った代理店2社に対し，損害賠償を求めた事例では，裁判所は「漫画村」の運営者は著作権を侵害しており，広告料を運営者側に支払う代理店の行為も侵害を幇助するものであるとし，幇助により原告の漫画の売上げも減少したと認定し，「著作権侵害行為を助長し，容易にする現実的危険性を有する」と判断しました。これは，漫画の海賊版サイトに関わる広告代理店の責任を認めた初めての判決です（東京地判令和3年12月21日Westlaw 2021WLJPCA 12216001）。

　裁判所は，原告漫画1の累計発行部数は約2000万部，漫画2の累計発行部数は約370万部であり，原告漫画の1冊当たりの販売価格は462円であって，原告漫画の売上額はおよそ109億4940万円となるところ，原告が受けるべき使用料相当額は10%と認めるのが相当であり，原告漫画が無断掲載されたことにより原告漫画の正規品の売上げが減少することが容易に推察されるが，被告らの行為は幇助したものにとどまること，本件ウェブサイトの閉鎖後の期間における原告漫画2の売上げに関して被告らの行為との間の関連性を認めることができないこと，その他本件に現れた一切の事情に照らして検討し，被告らの本件における行為が原告漫画の売上減少に寄与した割合を，約1%

と認め，原告漫画に係る著作権（公衆送信権）侵害行為を被告らが幇助したことと相当因果関係が認められる原告の損害額を1000万円（≒109億4940万円×0.1×0.01）としました。

2　その他の救済

　財産権としての著作権侵害と異なり，著作者人格権の侵害の場合には，精神的損害として慰藉料の請求をすることができます（民法710条）。美術絵画の複製物の無断掲載による著作権侵害について，裁判所は著作権法114条2項に基づく使用料に相当する額を58万円とし，著作権者が被った精神的苦痛を慰藉するに相当する額は80万円とし，合計138万円の支払を認めています（藤田嗣治絵画複製事件・東京高判昭和60年10月17日判時1176号33頁）。

　ただし，人格権侵害の慰藉料の算出には，著作権法114条の損害額の推定等の規定は適用されません。また，著作権侵害の場合には，財産的損害の賠償によって精神的損害も回復されるとみなされるので，さらに慰藉料を求めるのは難しいといえます。

用語解説

Ｑ＜　海賊版サイト

　海賊版サイトは，アニメや漫画，映画などの作品を，著作者や出版社，製作会社などの許可を得ずに勝手に複製して，インターネット上に公開しているサイトのことです。「無料」，「見放題」などとうたって，閲覧者の数を増やし，多額の広告収入などを得ていて，著作権保護団体によると，相次ぐ摘発後の2022年4月においても，特に悪質なものに限っても，32の海賊版サイトがあるということです。サイトの運営者は，巧妙にサイトの名前を変えたり，著作権を持つ会社や個人とは別の国に拠点を持ったりして，違法な海賊版の市場は世界規模でむしろ巨大化しています。

　例として以下のものがあります。

　①　はるか夢の址

　　　不正アップロードされた漫画や雑誌など，海賊版コンテンツをダウン

ロードできるリンクをまとめたリーチサイトです。

② 漫画村

　海賊版の漫画ビューアサイトです。2016年1月から2018年4月まで，運営されていました。

第 **5** 章

契約書・ひな形

1 動画編集を代行依頼するときの重要事項：条項例

　YouTuberが動画編集作業を外部に委託する場合の典型的な条項例は以下のものがあります（Q28，178頁参照）。

【条項例1　動画の仕様に関する条項】

> **第○条（仕様）**
> 　本件動画編集作業の仕様は，別途書面にて定め，受託者は，当該書面および委託者の指示に基づいて本件動画編集作業を遂行するものとする。

【条項例2　委託料に関する条項】

> **第○条（委託料）**
> 1．委託者は，受託者に対し，本件業務の対価（以下「業務委託料」という。）として，○○円（消費税別）を支払う。
> 2．前項の業務委託料は，本件業務の終了後○日以内に，受託者の指定する銀行口座へ振込んで支払う。なお，振込手数料は，委託者の負担とする。

【条項例3　検収に関する条項】

> **第○条（検収）**
> 　委託者は，本件動画を受領後○日以内に本件動画を検査し，受託者に対し，検査完了の通知を行った時に，検収が完了したものとする。本件動画に，委託者が受託者に指示した仕様等との不適合（以下「契約不適合」という。）が存在するときは，委託者は，受託者に対して，その選択に従い，本件動画の修正または再編集等の契約不適合を是正するために必要な措置を講じることを求めることができる。この場合，受託者は，別途合意した期限内に無償で，本件動画の修正または再編集等の契約不適合を是正するために必要な措置を講じなければならない。

【条項例4　秘密保持に関する条項】

> **第○条（秘密保持）**
> 1．受託者は，本件業務に関して知り得た委託者の営業上または技術上その

他業務上の一切の情報（以下「秘密情報」という。）を，委託者の事前の書面による承諾なしに，第三者に開示または漏洩してはならず，また職務の遂行のためにのみ使用し，他の目的に使用してはならない。なお，秘密情報の開示の方法は，書面，口頭，電磁的媒体等その態様を問わない。

2．前項の規定にかかわらず，次の各号に該当する情報は，本契約における秘密情報には該当しない。

(1) 開示を受けた際，既に公知となっている情報

(2) 開示を受けた際，既に自己が保有していた情報

(3) 開示を受けた後，自己の責によらずに公知となった情報

(4) 正当な権限を有する第三者より守秘義務を負うことなく取得した情報

(5) 委託者から開示された情報を利用することなく独自に開発した情報

3．第1項の規定にかかわらず，受託者は，次の各号のいずれかに該当する場合には，委託者の書面による承諾なしに，秘密情報を第三者に開示することができる。

(1) 委託者または委託者の関係会社の役職員または弁護士，会計士もしくは税理士等に対して，職務の遂行のために必要な範囲で秘密情報を開示する場合。但し，開示を受ける者が少なくとも本条に定める秘密保持義務と同様の秘密保持義務を法令または契約に基づき負担する場合に限る。

(2) 法令等（金融商品取引所の規則を含む。）の規定に基づき，政府，所轄官庁，規制当局，裁判所または金融商品取引所により秘密情報の開示を要求または要請されるときに，合理的に必要な範囲で当該秘密情報を開示する場合。なお，かかる場合，受託者は，委託者に対して，かかる開示の内容を事前に（それが法令等上困難である場合は，開示後可能な限り速やかに）通知しなければならない。

【条項例5　個人情報の保護に関する条項】

第○条（個人情報の保護）

1．本契約における個人情報とは，委託者および受託者が本件業務を遂行するために，相手方に預託した一切の情報のうち，「個人情報の保護に関する法律」（以下「個人情報保護法」という。）第2条第1項に定める「個人情報」に該当する情報をいう。

2．委託者および受託者は，本件業務の遂行に際して個人情報を取り扱う場合には，それぞれ個人情報保護法および本契約の定めを遵守して，本件業務の目的の範囲において個人情報を取り扱い，本件業務の目的以外に，これを取り扱ってはならない。

3．委託者および受託者は，個人情報への不当なアクセスまたは個人情報の紛失，盗難，改ざん，漏洩等（以下「漏洩等」という。）の危険に対し，

合理的な安全管理措置を講じなければならない。また，委託者および受託者は，個人情報を，本件業務の遂行のためにのみ使用，加工，複写等し，他の目的で使用，加工，複写等してはならない。

4．委託者および受託者において，個人情報の漏洩等の事故が発生した場合には，漏洩等をした者は，相手方に対し，速やかに当該事故の発生日時・内容その他詳細事項について報告する。また，漏洩等をした者は，自己の費用において，直ちに漏洩等の原因の調査に着手し，速やかに相手方に対し調査の結果を報告するとともに，再発防止策を講じる。

【条項例6　権利の帰属に関する条項】

第○条（権利の帰属）

1．本件業務を通じて生じた本件動画（本件業務の過程で生じるものも含む。以下，同じ。）の著作権（著作権法第27条および第28条の権利を含む。）等は，委託者に帰属する。

2．本件業務を通じて生じた本件動画および本件業務の過程で生じる発明，考案または創作について，特許権，実用新案権，意匠権，商標権等の知的財産権を受ける権利および当該権利に基づき取得される知的財産権は，全て委託者に帰属する。

3．受託者は，前項の知的財産権の出願および登録手続等について，委託者に協力しなければならない。

4．受託者は，本件業務を通じて生じた本件動画の利用について，著作者人格権を行使しない。

5．前3項にかかる対価は，業務委託料に含まれる。

6．受託者は，本件業務を通じて生じた本件動画が第三者の権利（知的財産権を含むが，これに限られない。）を侵害しないことを保証する。委託者が，第三者から本件動画の利用について，第三者から，当該第三者の権利侵害を理由に何らかの請求，異議の申立等を受けた場合，受託者は自らの責任と負担によりこれを解決するとともに，委託者に生じた損害を賠償しなければならない。

【条項例7　損害賠償責任に関する条項】

第○条（損害賠償責任）

委託者または受託者は，本契約に関して相手方に損害を与えた場合，全ての損害（逸失利益に関する損害および弁護士費用を含むが，これに限られない。）を賠償する責任を負う。

2　事務所との契約での問題点：条項例

　YouTuberと事務所が締結する基本契約における典型的な条項例には以下のものがあります（Q28, 178頁参照）。

【条項例1　業務内容に関する条項】

> **第○条（業務内容）**
> 1．乙は甲に対し，以下の業務を委託し，甲はこれを受託する。
> 　(1)　企業等の商品またはサービスの宣伝を目的とした動画の制作および公開業務（以下「企業案件」という）の受託に向けた営業支援
> 　(2)　イベント等への出演機会の提供
> 　(3)　SNSその他の媒体を利用した乙出演動画のプロモーション
> 　(4)　乙の活動におけるマネージャー等の人員，撮影場所等の提供
> 　(5)　乙の動画制作における編集協力
> 2．甲は乙に対し，甲乙間で別途締結する個別契約に基づき，企業案件，イベント等への出演業務を委託し，乙はこれを受託する。

【条項例2　コンテンツの権利帰属に関する条項】

> **第○条（権利帰属）**
> 1．乙が甲を介さずに制作した動画等にかかる所有権および知的財産権は乙に帰属する。
> 2．前項の規定にかかわらず，乙が甲から受託した業務により発生した成果物にかかる所有権および知的財産権（著作権法第27条および第28条に規定する権利を含む）は，当該業務に関する個別契約に定める場合を除いて，乙から甲に譲渡されるものとする。この場合，乙は甲に対し著作者人格権を行使しない。

【条項例3　報酬に関する条項】

> **第○条（報酬）**
> 1．第○条第1項に基づき甲が受託した業務に関して，乙は甲に対し，当該業務に係る売上額（消費税込み）の20％に相当する額を報酬として支払うものとする。ただし，乙が制作し公開した動画についてYouTube等から

支払われる広告料収入については報酬額算定の基礎となる売上額に含まないものとする。

2．第○条第2項に定める個別契約に基づき乙が受託した業務に関して，乙は甲に対し個別契約に従い報酬を支払うものとする。

【条項例4　活動費用の負担に関する条項】

第○条（経費）

1．甲が乙に委託する動画制作業務，イベント等への出演業務等その他当該業務に合理的に付随する業務において発生する乙の交通費，食費等の諸経費については甲が負担する。

2．前項に定める以外の費用は，乙が負担する。

【条項例5　YouTuberの名称使用に関する条項】

第○条（名称等の使用）

甲または甲の指定する第三者は，甲が乙に委託し乙が受託したイベント等の出演業務に関連する広告宣伝等のために必要な限度で，乙の名称等を無償で使用することができる。

【条項例6　事務所以外の第三者との契約に関する条項】

第○条（事前承認）

乙は，本契約または個別契約で定める乙の受託業務の履行に影響を及ぼすおそれのある契約を第三者と締結する場合は，事前に甲に対し書面で通知する。

【条項例7　不可抗力条項】

第○条（不可抗力）

本契約の一方当事者が，次の各号に定める事情に起因して本契約または個別契約上の義務の履行を遅滞しまたは履行不能となったときは，その責を負わないものとする。

(1)　YouTubeその他の委託業務に関連する第三者によるサービスの停止，終了

　(2)　前号のサービスにおける乙のアカウントまたはチャンネルの停止，終
　　　了

【条項例8　イメージ保持に関する条項】

　第○条（イメージ保持）
　　　乙は，本契約の有効期間中，以下の各号に定める事項を行わないものと
　　します。
　(1)　乙の活動に関し，第三者から苦情等を受けるおそれがある行為
　(2)　違法または公序良俗に反する行為
　(3)　乙が受託する企業案件における当該企業の商品またはサービスのイ
　　　メージを損なう言動
　(4)　甲または甲の取引先等の名誉または信用を著しく毀損する行為

3 VTuberチャンネルの事業譲渡契約書：条項例

　VTuberチャンネルの事業譲渡契約における典型的な条項例は以下のものがあります（Q30，192頁参照）。

【条項例1　事業譲渡の対象となる譲渡財産に関する条項】

> **第○条（譲渡財産）**
> 1．本契約に関して譲渡される財産の内容は，以下の通り（以下「譲渡財産」という。）とする。
> (1)　本件キャラクターの著作権（著作権法第27条及び第28条の権利を含む。），特許権，実用新案権，商標権，パブリシティ権その他の一切の知的財産権（以下，単に「知的財産権」という。）
> (2)　YouTubeチャンネル（https://www.youtube.com/○○○/）に関連する一切の権利
> (3)　本件キャラクターに関するSNSアカウント（Twitter：https://twitter.com/○○○，Instagram：https://www.instagram.com/○○○/）に関連する一切の権利
> (4)　第1号で規定される権利のほか，甲が保有する本件キャラクターに関連する一切の権利
> (5)　本件キャラクターに関連する一切のグッズ及び商品
> 2．甲及び乙は，甲と乙との間には，本契約に定めるもののほかに何ら債権債務が存在しないことを相互に確認する。
> 3．甲は乙に対し，譲渡日において，譲渡資産に加えて，本件VTuberチャンネルに関する営業上の秘密，ノウハウ，顧客情報，営業手法等，乙が別途個別に指定した全ての情報を譲渡するものとする。

【条項例2　譲渡価額に関する条項】

> **第○条（譲渡価額）**
> 1．譲渡財産の対価（以下「譲渡価額」という）は金○万円（税込）とする。
> 2．乙は甲に対し，令和○年○月までに，前項で規定される譲渡価額を，甲の指定する下記の口座に振り込む方法により支払う。なお，振込手数料は乙の負担とする。
> 　　　○○銀行　　○○支店
> 　　　普通預金口座　　口座番号：○○○○○○○

　　　口座名義：○○○○
　3．本契約締結以後，乙は，本件キャラクターに関連する金員を受領した場合，受領した金員を，金員を受領した日から1週間以内に，前項で規定される口座に振り込む方法により支払う。なお，振込手数料は乙の負担とする。

【条項例3　譲渡財産の移転方法や移転時期に関する条項】

第○条（譲渡財産の移転）
1．甲は，本契約締結後，第○条にかかる譲渡財産の譲渡に着手するものとし，譲渡財産の譲渡に対抗要件の具備等の手続が必要な場合，甲は，当該手続を講じるものとし，乙はこれに協力する。
2．甲は，前項の譲渡財産の譲渡と対抗要件の具備等の手続を，本契約締結後30日までに完了するものとする。
3．前2項に関し，必要となる一切の費用は，甲の負担とする。

【条項例4　VTuberチャンネルの価値の維持に関する条項】

第○条（譲渡日までのVTuberチャンネルの運営）
1．甲は，譲渡日まで，本契約に関連して適用のある一切の法律，規則，規制，契約および他の拘束をすべて遵守して善良なる管理者の注意をもって本件VTuberチャンネルの管理・運営を続行するものとする。
2．甲は，譲渡日まで，本件VTuberチャンネルの価値を減少させる可能性のある一切の行為を行わないものとする。
（また，VTuberチャンネルの価値が，事業譲渡契約締結時よりも低下した場合等に，解除を認める旨の条項を規定することも考えられます。）

第○条（譲受条件と解除）
1．乙による本件VTuberチャンネルの譲受は，譲渡日において，以下の各号の事項がすべて満たされることを条件とする。
　⑴　甲が本契約上の義務に違反していないこと
　⑵　本契約締結後から譲渡完了までの間に，本件VTuberチャンネルの価値に重大な影響をもたらすような事由が発生していないこと
2．前項各号の条件が満たされず，かつ，違反の改善または事由の解消が困難な場合，乙は，本契約を解除することができる。
3．第1項各号の条件が満たされなかったことにより乙に損害が生じた場合，乙は，甲に対し，前項で規定された本契約の解除とともに，乙が被った損

> 害の賠償を請求することができる。

【条項例5　競業避止に関する条項】

第○条（就業避止義務）
1. 甲は，本契約締結後2年間，本件声優との間で，他のVTuberチャンネルの運営に関する契約等，本件VTuberチャンネルと競合する可能性のある行為を目的とした一切の契約を締結してはならないものとする。
2. 甲は，前項に違反した場合，乙に対し，違約金として，金○万円を支払うものとする。

【条項例6　適用法と管轄に関する条項】

第○条（適用法と管轄）
1. 本契約に関する解釈および紛争に対しては日本法を適用するものとする。
2. 本契約に関して生じた紛争については，東京地方裁判所を第一審の専属的合意管轄裁判所とする。

4 企業案件契約で気を付けるべきポイント：条項例

　YouTuberとクライアント企業が締結する業務委託契約における典型的な条項例には以下のものがあります（Q32，203頁参照）。

【条項例1　業務内容に関する条項】

> **第○条（業務内容）**
> 　甲は乙に対し，別紙で指定する甲の商品を乙の制作・出演する動画において紹介し，当該動画を乙が運営するYouTubeチャンネルにおいて配信する業務（以下「本件業務」という）を委託し，乙はこれを受託する。

【条項例2　報酬に関する条項】

> **第○条（報酬）**
> 　甲は乙に対し，本契約締結時点における乙運営のチャンネル登録者数に○○円（消費税別）を掛け合わせた金額を本件業務の対価として支払うものとする。
>
> 　　クライアント企業からの広告案件における報酬の算定方法は，「定額方式」と「成果報酬方式」の2種類があり上の条項例は，定額方式を採用する場合のものですが，定額方式には他に，YouTuberのチャンネル上公開されている動画の平均再生回数に単価を掛け合わせる方式もあります。

【条項例3　公開保証に関する条項】

> **第○条（公開保証）**
> 1．乙は，本件業務に基づき作成された動画を，公開日から6か月間継続して公開する。
> 2．乙は，前項の期間経過後も当該動画を公開し続けるよう努めるものとするが，動画の公開に関する一切の責任を負わないものとする。

【条項例4　不可抗力条項】

第○条（不可抗力）

　本契約の一方当事者が，次の各号に定める事情に起因して本契約又は個別契約上の義務の履行を遅滞し又は履行不能となったときは，その責を負わないものとする。

(1)　YouTubeその他の委託業務に関連する第三者サービスの，サービス停止，終了

(2)　当該サービスにおけるYouTuberのアカウント又はチャンネルの停止，終了

(3)　自然災害，火災及び爆発

(4)　伝染病

(5)　戦争及び内乱

(6)　革命及び国家の分裂

(7)　公権力による命令処分

(8)　暴動

(9)　その他前各号に準ずる事態

【条項例5　禁止事項に関する条項】

第○条（禁止事項）

　乙は，以下の各号に掲げる事項を行わないこととする。

(1)　甲及び甲の指定する第三者の企業，商品，サービスのイメージを損なう言動

(2)　犯罪行為，公序良俗に反する行為，あるいは社会的体制を受ける行為

(3)　甲又は甲の取引先等の名誉又は信用を著しく毀損する行為

キーワード・事項索引

判 例 索 引

著 者 紹 介

河瀬　季（かわせ・とき）

　弁護士法人モノリス法律事務所代表弁護士。ITエンジニア，IT企業経営を経て，東京大学大学院法学政治学研究科を修了し，弁護士資格を取得。

　東証プライム上場企業からシードステージのベンチャーまで，100社以上の顧問弁護士などを務める他，YouTuber，VTuberなど多くの動画クリエイターらをクライアントに持つ。イースター株式会社の代表取締役，oVice株式会社の監査役，株式会社TOKIUMの最高法務責任者などを務める。JAPAN MENSA会員。

　著作：『デジタル・タトゥー』（自由国民社，2017）（NHK土曜ドラマ「デジタル・タトゥー」原案），『ITエンジニアのやさしい法律Q&A』（技術評論社，2020），『IT弁護士さん，YouTubeの法律と規約について教えてください』（祥伝社，2022）など。

　モノリス法律事務所YouTubeチャンネル「YouTuberが並ぶ法律相談所」を運営。

Q&A 実務家のためのYouTube法務の手引き

2022年10月4日　初版発行

著　者　河　瀬　　　季

発行者　和　田　　　裕

発行所　日本加除出版株式会社

本　　社　〒171-8516
東京都豊島区南長崎3丁目16番6号

組版　㈱郁文　　印刷　㈱亨有堂印刷所　　製本　藤田製本㈱

定価はカバー等に表示してあります。
落丁本・乱丁本は当社にてお取替えいたします。
お問合せの他、ご意見・感想等がございましたら、下記まで
お知らせください。

〒171-8516
東京都豊島区南長崎3丁目16番6号
日本加除出版株式会社　営業企画課
電話　　03-3953-5642
FAX　　03-3953-2061
e-mail　toiawase@kajo.co.jp
URL　　www.kajo.co.jp

Ⓒ Toki Kawase 2022

Printed in Japan

ISBN978-4-8178-4849-9

インターネット
削除請求・発信者情報
開示請求の
実務と書式

商品番号：40872
略　　号：ネト請

神田知宏 著

2021年3月刊 A5判 304頁 定価3,300円(本体3,000円) 978-4-8178-4716-4

- どのように行動すればよいか、端的に分かりやすい構成立て。
- どこに何が書かれているのかが分かりやすい見開きスタイル。
- すぐに実務で使える、削除請求・発信者情報開示請求等の書式や資料、ログ保存期間一覧、接続先IPアドレス一覧などの役立つ情報も収録。

弁護士で作曲家の
高木啓成が
やさしく教える
音楽・動画クリエイターの
権利とルール

商品番号：40847
略　　号：音動

高木啓成 著

2020年10月刊 A5判 264頁 定価2,640円(本体2,400円) 978-4-8178-4682-2

- クリエイターや自社YouTube動画制作に取り組む企業からの相談に備えて手元に置いておきたい一冊。
- 音楽クリエイター、動画クリエイターの個別の留意点を説明したうえで、両者に共通する契約の基本やトラブル対処法についても解説。

日本加除出版

〒171-8516 東京都豊島区南長崎3丁目16番6号
TEL (03)3953-5642　FAX (03)3953-2061 (営業部)
www.kajo.co.jp